EMANUEL TREU
MIT M.J. CRAMER

DER ERFOLGREICHE MUSIKER

$ONGWRITING €ASHFLOW

SIEBEN SCHRITTE, UM
MIT DEINEN SONGS RICHTIG
KOHLE ZU SCHEFFELN

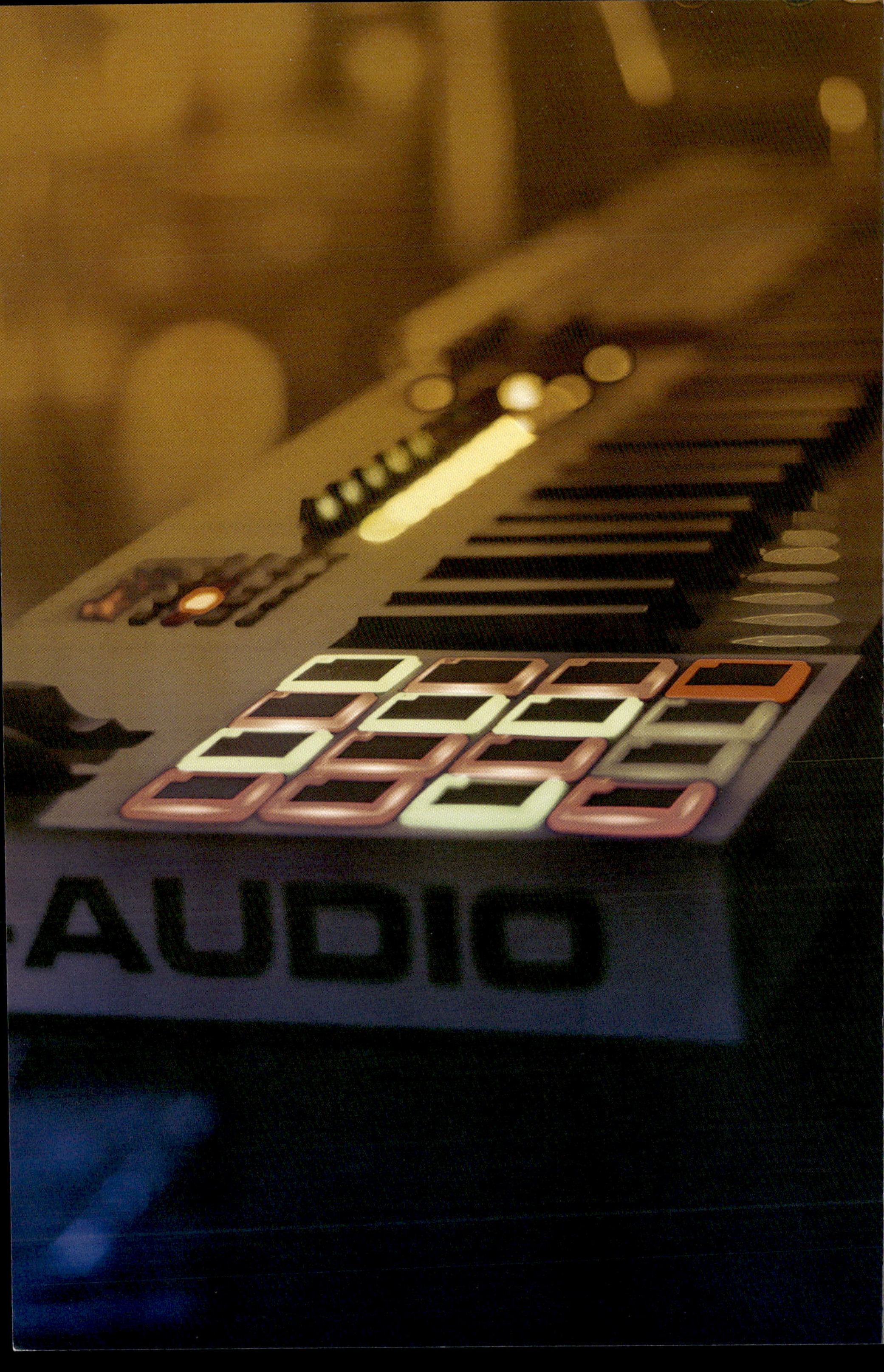
AUDIO

IMPRESSUM

https://www.emanueltreu.at

Verlag: Eigenverlag
ISBN: 978-3-9504872-2-0
3. Auflage, 2019

Dipl. Päd. Emanuel Treu
Hofstattgasse 25
1180 Wien

UID.NR.: ATU65037104
emanueltreu@gmail.com

Grafik & Illustration: Dominic Vielnascher
Coverfoto & Foto Seite 7: Frederick Nilsson
Foto Seite 184: Moritz Schell
Fotos: Unsplash.com

Mit freundlicher Unterstützung der

akm
AUTOREN | KOMPONISTEN | MUSIKVERLEGER

Genderhinweis: Liebe Musikerinnen, ich respektiere und schätze euch nicht nur, nein, euer Beitrag zum weltweiten musikalischen Erlebnis ist von unschätzbarem Wert. Lediglich aus Gründen der Lesbarkeit wurde im Text die männliche Form gewählt, aber: You rock like hell!

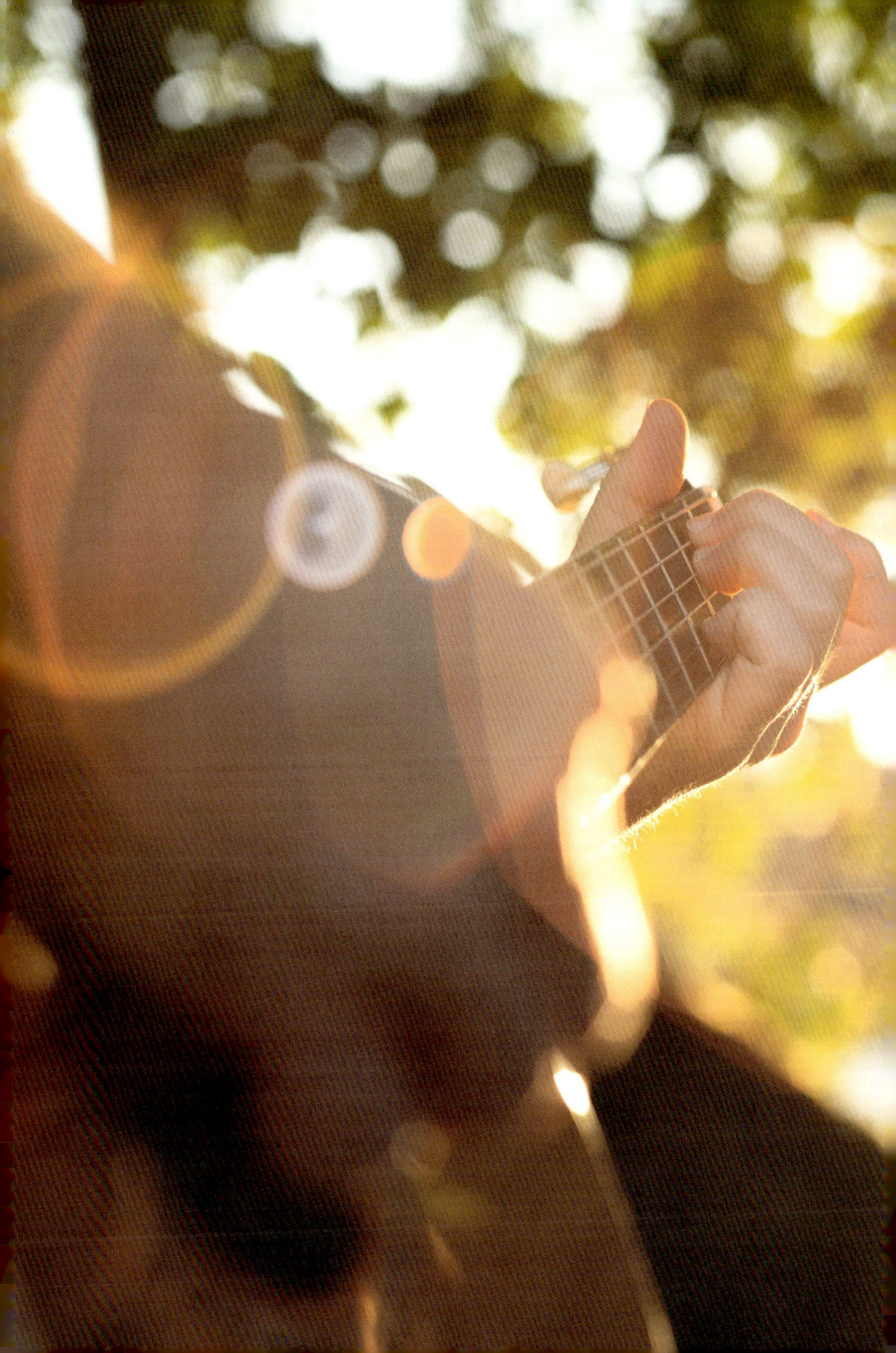

WIDMUNG

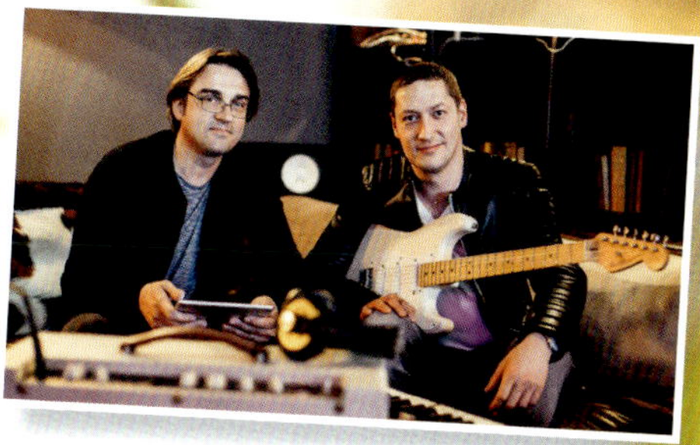

Für Hubert Molander,

meinen ***partner in crime*** in Sachen Songwriting.
Du bist sowohl musikalisch als auch menschlich
eine der beeindruckendsten Persönlichkeiten,
die ich je kennengelernt habe.

Du hast mir außerdem für mein Songwriting das
Allerwichtigste beigebracht:

„Entweder der Song geht ins Herz oder du brauchst einen neuen Song.

Ohne dich hätte ich in meinem Leben außerdem
gefühlte 1000 Stunden weniger gelacht.

Ich danke dir,
Emi

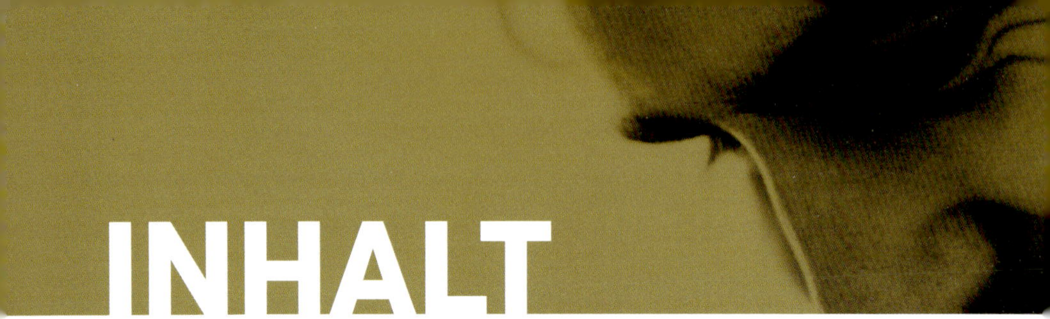

INHALT

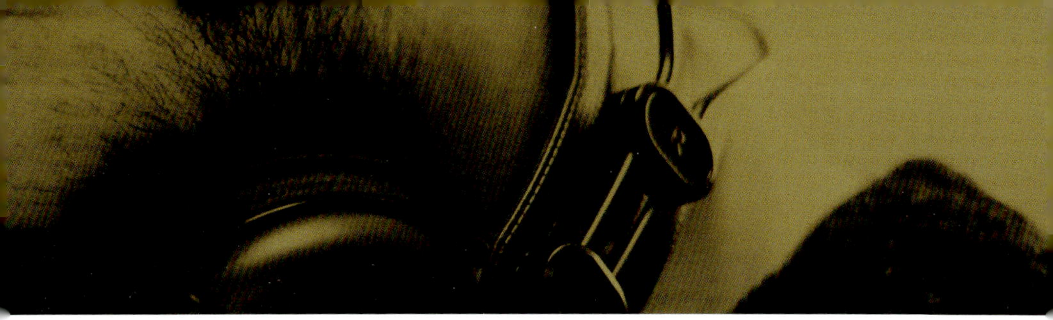

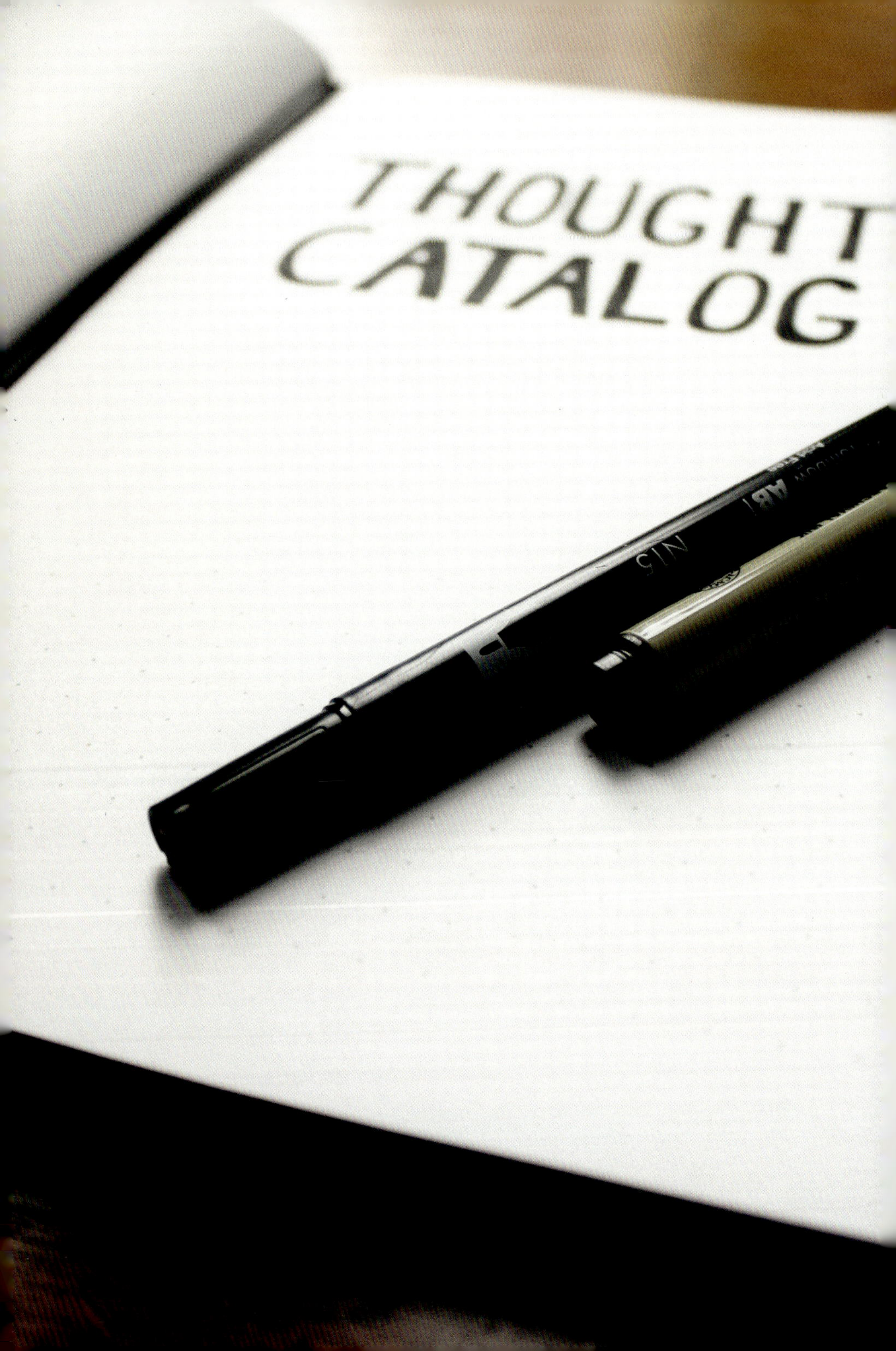
THOUGHT
CATALOG

Ein paar Gedanken bevor wir loslegen

Im Frühling 2017 stellte mir eine meiner jungen Musikschülerinnen eine sehr interessante Frage: „Herr Treu, da Sie als Songwriter ja relativ erfolgreich sind ... Sind Sie reich?“ Ich antwortete ihr, dass Reichtum oder Wohlstand für unterschiedliche Leute sehr viel Unterschiedliches bedeutet. Für mich bedeutete Wohlstand jedenfalls:

- » Entscheidungen darüber treffen zu können, was ich wann tun will.
- » In einem guten körperlichen und geistigen Gesundheitszustand zu sein.
- » In der Lage zu sein, mich um diejenigen zu kümmern, die ich liebe.
- » Einen finanziellen Cashflow zu haben, sodass ich das kaufen kann, was ich haben will und nicht nur das, was ich dringend brauche.

So gesehen fand ich (und finde es auch heute noch), das ich ziemlich reich war. Ich erzählte ihr, dass Songwriting für mich die schönste Kunst und das wundervollste Handwerk sei, das ich kenne, und dass ich damit sehr weit gekommen sei, um mir all die oben genannten Punkte zu ermöglichen. Ich fügte noch hinzu, dass ich weder Millionär sei noch eine Strandresidenz auf Hawaii besitzen würde, aber mit Sicherheit huschte ein Lächeln über mein Gesicht, als ich abschließend noch murmelte: „Mal sehen, was die Zukunft bringt.“

Es war genau dieses Gespräch, das mich dazu veranlasste, über diese kurze und knappe Frage weiter nachzudenken und zu recherchieren. Ich kam letztlich zu folgendem Ergebnis: Von all den großartigen Songwritern, die ihre wundervolle Kunst dankenswerterweise mit dem Rest der Welt teilen, hat nur ein Bruchteil davon das entscheidende Wissen darüber, wie man Songwriting auch zu Geld machen kann.

Mit diesem Buch will ich dabei unterstützen, sich auf einfachem Weg Methoden anzueignen, die dafür sorgen, dass auch die bis heute noch brotlosen Musiker eines Tages finanziell erfolgreich mit ihrer Leidenschaft werden, um den Traum von einem nachhaltigen Einkommen im Musik-Business ebenfalls leben zu können. Durch Songwriting. Wie geil wäre das denn? Ich sag's euch: Es wäre saugeil!

Ich habe dieses Buch basierend auf meiner Erfahrung und Expertise im Bereich Songwriting, welche ich mir in den vergangenen 20 Jahren durch konstante Arbeit und persönliche Weiterentwicklung im Musik-Business angeeignet habe, geschrieben. Um gleich klarzustellen: Mir ist bewusst, dass möglicherweise viele Leser dieses Buches bereits Songwriting-Einnahmen durch Tantiemen erzielen. Nichtsdestotrotz bin ich überzeugt, dass sich auch unter dieser Lesergruppe einige Songwriter befinden, die sich nicht des vollen finanziellen Potenzials der eigenen Songs bewusst sind. Songwriter haben in Wirklichkeit nämlich einen sehr großen Einfluss darauf, wieviel Geld in Summe für die eigenen Songs tatsächlich ausgeschüttet wird. Die folgenden Seiten werden dir nicht nur Einblick ins tatsächliche Musik-Business verschaffen, sondern dich auch mit leicht verständlichen und gut anwendbaren Methoden ausstatten, die es dir ermöglichen werden, deine finanziellen Ziele auch als Songwriter zu erreichen.

Für diejenigen, die ihre ersten Gehversuche in diesem Business machen, gilt: Keine Sorge, ich habe auch an euch gedacht. Viele Informationen, die ihr in diesem Buch findet, können euch mit Sicherheit bei eurem Start unterstützen. Ich habe außerdem am Ende des Buches ein Glossar angehängt, damit ihr alle für euch vielleicht neuen Begriffe mit ihrer Bedeutung nachschlagen könnt. Ich bin überzeugt, dass auch ich deutlich schneller meine Ziele erreicht hätte, wenn ich einige der Informationen bereits gehabt hätte, als ich angefangen habe, Songs zu schreiben. Und dennoch ist es wunderschön, bereits sehr viele meiner Ziele erreicht zu haben:

- Mehrfache goldene Schallplatten aus unterschiedlichen Ländern
- Laufende internationale Aufführungen meiner Songs in Rundfunk, TV und auf den größten Bühnen der Welt
- Hohe Charts-Platzierungen, die ein Gesamtausmaß von bald über 1000 Wochen ausmachen
- Jährlich fünfstellige Tantiemenbeträge für das Urheberrecht an meinen Songs
- Eine Nominierung als „Songwriter des Jahres" für den Amadeus Austrian Music Award, den wichtigsten Musikpreis des Landes Österreich

Weil ich weiß, dass die Tipps in diesem Buch mir beim Start meiner Songwriting-Karriere damals sehr geholfen hätten, hoffe ich, dass sie das nun bei dir tun werden. Von ganzem Herzen wünsche ich mir das.

Ein Gedanke noch: Was du in diesem Buch NICHT finden wirst

Das vorliegende Werk ist kein "How-to-write-songs"-Buch. Du wirst darin keine detaillierten Informationen über Reimschemen, Song-Strukturen, Harmonien, Akkordfolgen oder Melodieverläufe finden. Es gibt bereits genug Lektüre über diese Themen, dazu brauchst du mich nicht. Dieses Buch hat einen ganz bestimmten Zweck, von dem ich der Meinung bin, dass er viel zu selten deutlich und klar in Büchern für Musiker eine Rolle spielt: Geld! Ich habe das Gefühl, dass diesem wichtigen Thema von Künstlern viel zu wenig Beachtung geschenkt wird, weil sie entweder nicht daran denken oder es eben nicht genügend hilfreiche Informationen dazu gibt.

Als ich als Teenager in meiner ersten Band spielte, haben wir zum Beispiel sehr regelmäßig viele Stunden täglich geprobt. Hat uns das

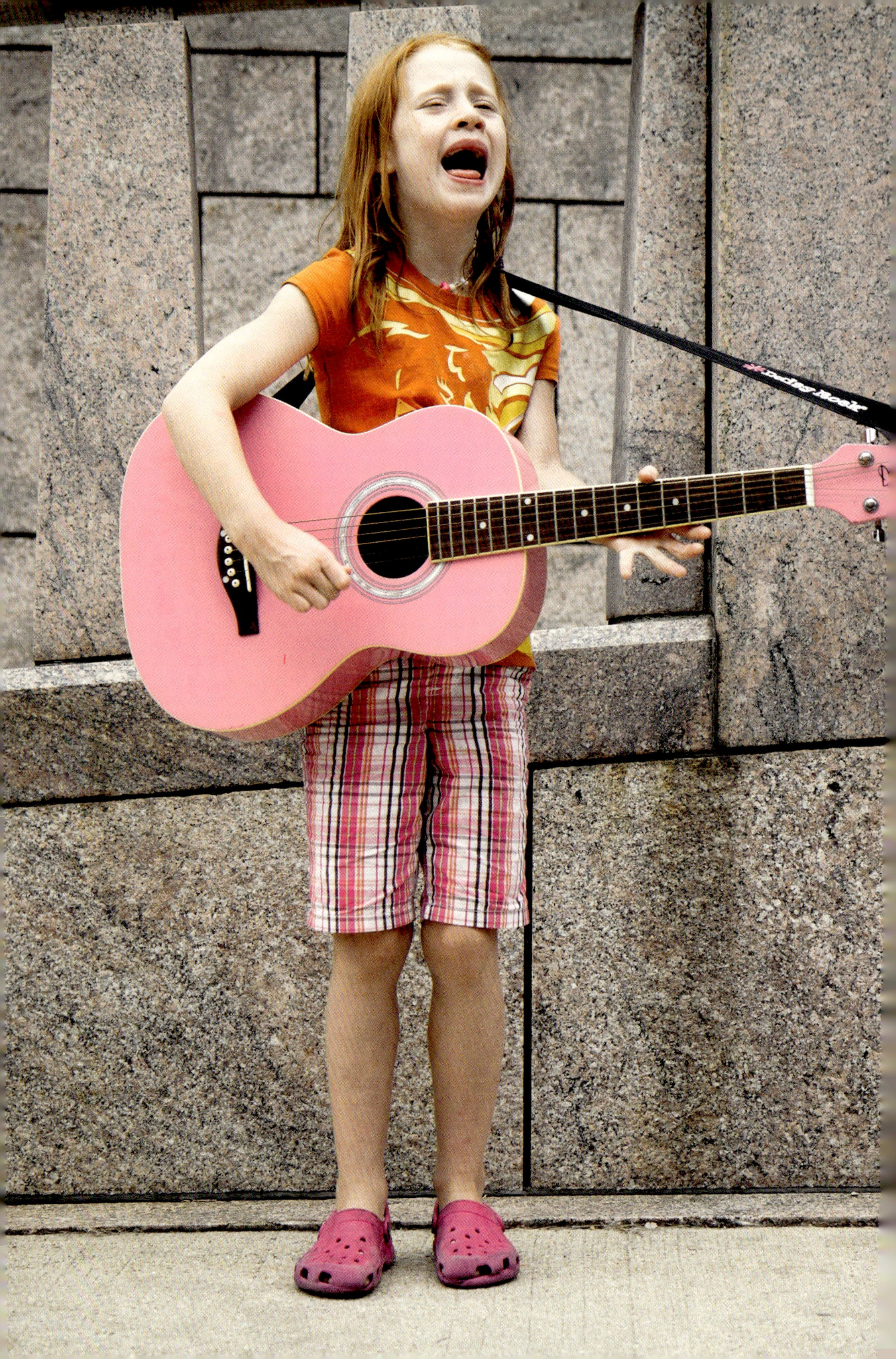

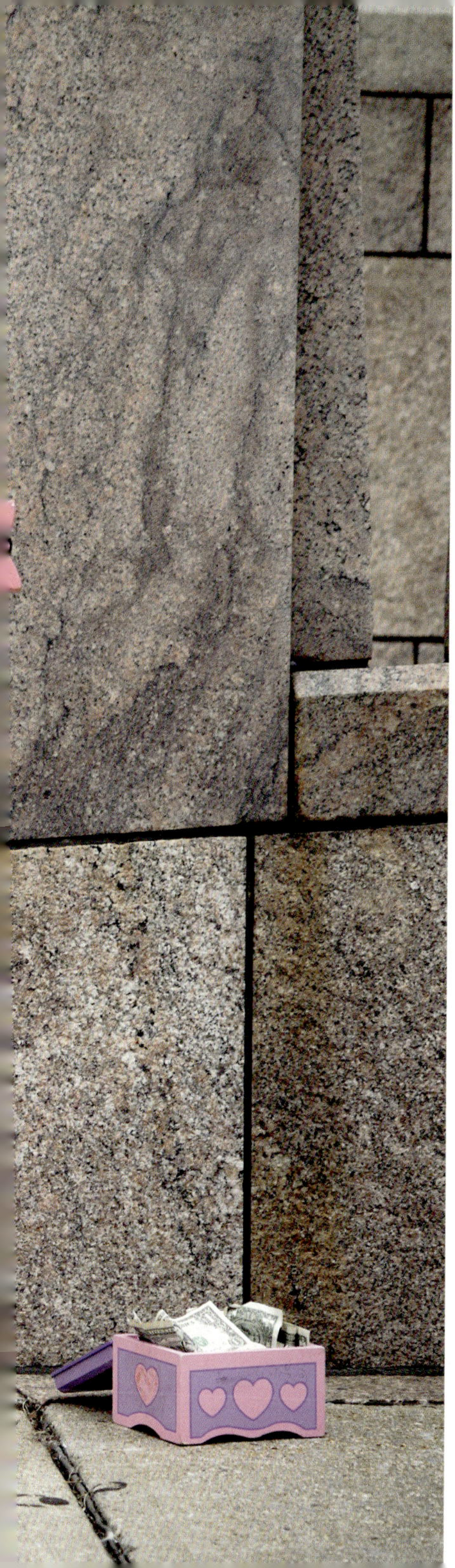

als Band besser gemacht? Natürlich! Hat uns das geholfen, mehr Geld als Musiker zu verdienen? Mit Sicherheit nicht! Das ist wohl eines der größten Missverständnisse im gesamten Musik-Business: Es ist sehr wahrscheinlich, dass du als Musiker keine markanten Geldbeträge verdienst, weil du dich vorwiegend um die Weiterentwicklung deiner Kunst kümmerst. Vertraue mir, ich kenne unzählige Musiker und Songwriter, die umwerfend sind – und finanzielle Probleme haben. Der Grund ist meiner Meinung nach, dass diese Künstler all ihren Fokus auf ihre Kunst legen und viel zu wenig darauf, mit ebendieser Kunst auch Geld zu verdienen.

Noch einmal klar und deutlich: In diesem Buch dreht es sich nicht um die Kunst des Songwriting an sich, sondern darum, mit dieser Kunst Geld zu verdienen.

Meine liebe Sonwgriting-Kollegin, lieber Kollege ...

Let’s get started!

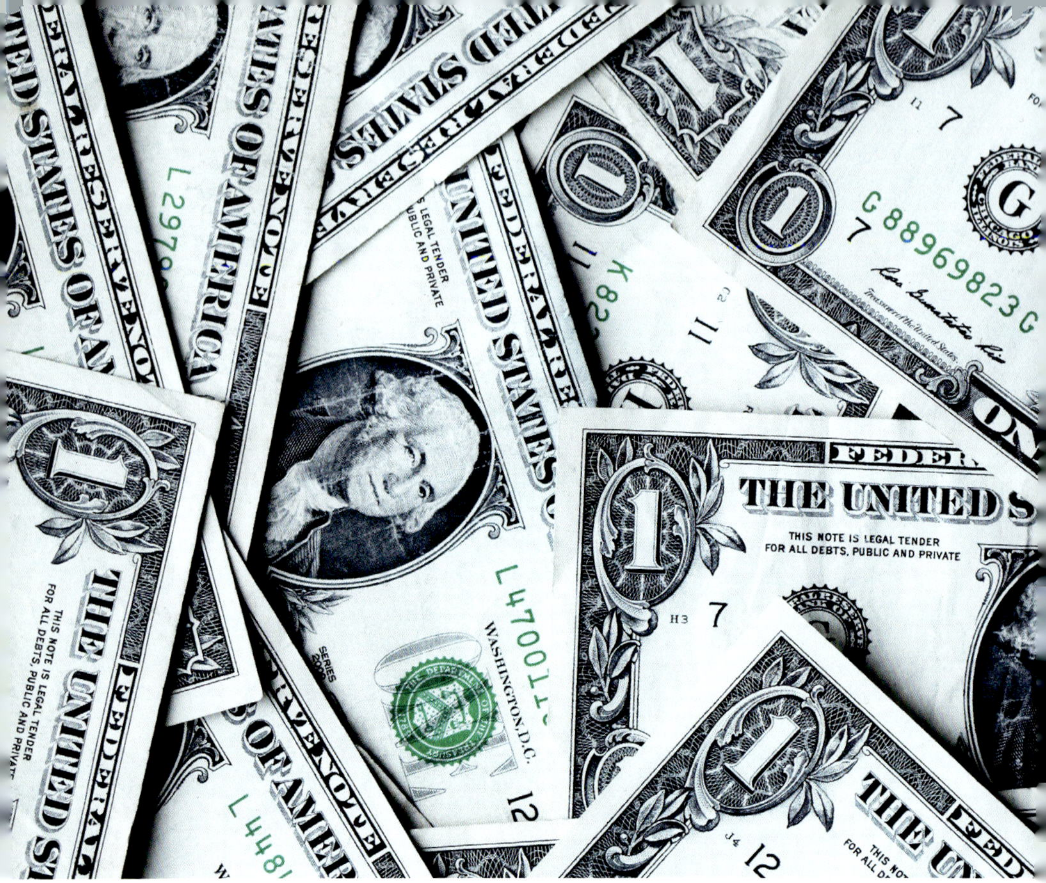

Verpönt, verteufelt, vergessen: Reden wir übers Geld

Dieses Buch richtet sich an Songwriter – die tatsächlichen Urheber und damit Besitzer des geistigen Eigentums von Musikkompositionen und Liedtexten. Hier gibt es unheimliche Geschichten und Gerüchte am Markt darüber, was die exakte Definition von Urheberrecht ist, aber um es kurz zu fassen: Im Musik-Business von heute gehört per Gesetz das geistige Eigentum von Songs denjenigen, die die Musik und/oder den Text eines Songs oder Musikstücks komponieren bzw. schreiben. Sie sind die Erfinder des

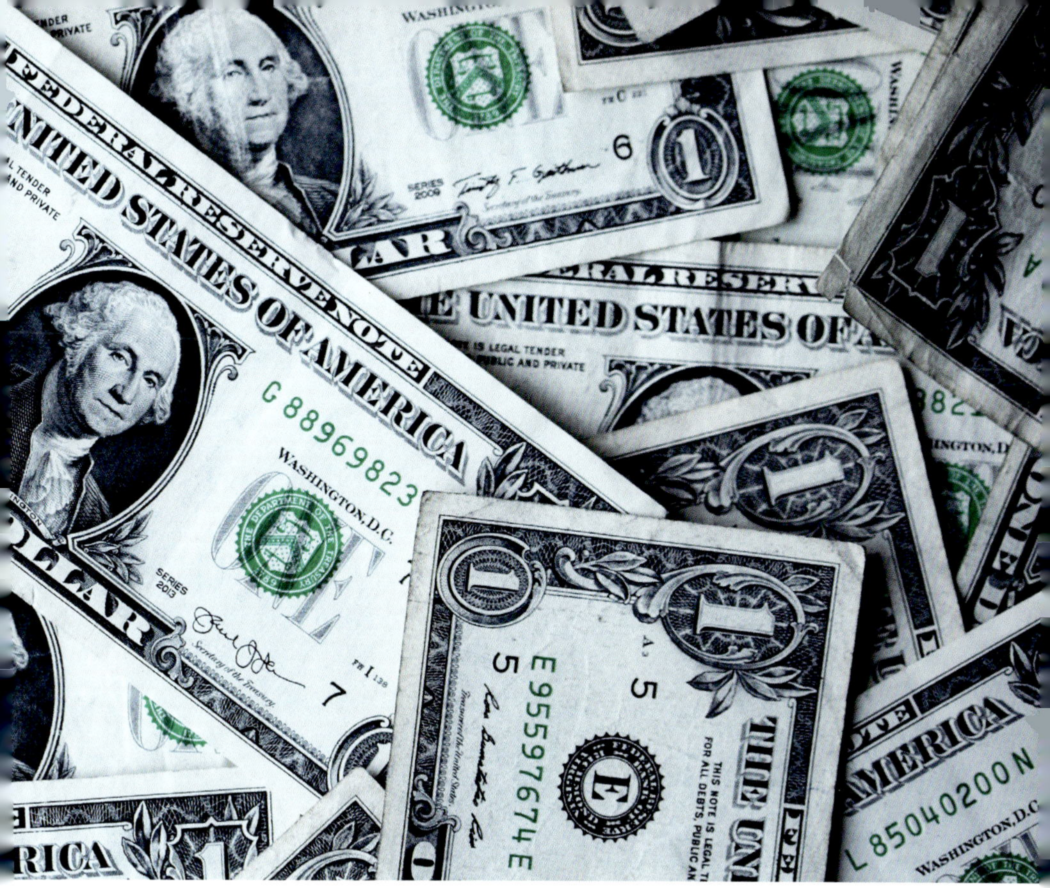

musikalischen Werkes. Im Pop-Business nennt man diese Fraktion von Künstlern schlichtweg: Songwriter. Gut. Hätten wir das auch geklärt. Lasst uns zum Geschäft kommen.

Alle erfolgreich verbreiteten Produkte haben einen Wert. Es ist allerorts bekannt und sehr leicht nachvollziehbar, warum zum Beispiel das iPhone von Apple oder auch ein einfacher Regenschirm einen Wert haben: Diejenigen Menschen, die diese Produkte kaufen, sind der festen Überzeugung, dass die eigene Lebensqualität in irgendeiner Art und Weise dadurch verbessert wird. Das gleiche kann auch von Musik gesagt werden: Musik spielt eine wichtige und wertvolle Rolle in wohl jedem Menschenleben. Da Songs den Zuhörern offensichtlich einen

Wert bieten, ist es nur allzu logisch – wenn auch nicht jedem bewusst –, dass diese Zuhörer auch in irgendeiner Art und Weise Geld zahlen müssen, um die Vorteile der Musik zu genießen. Ein gewisser Anteil des durch diese Musikstücke lukrierten Geldes wird im Anschluss an diejenigen ausgeschüttet, die diese Musik komponiert haben: an die Urheber und damit Besitzer des geistigen Eigentums. So verdienen Songwriter auch tatsächlich ihr Geld.

Ich kann wirklich nicht nachvollziehen, warum kaum jemand über den Aspekt des Geldverdienens im Musik-Business spricht. Weil das vielleicht nicht edel ist? Weil ein echter Musiker nur für die Musik lebt, anstatt für Geld? Glaub mir: Ich habe meine Musikkarriere immer nur der Musik wegen verfolgt und es hätte laufend Tausende Dinge gegeben, mit denen ich einfacher Geld verdient hätte, aber was kann denn so falsch daran sein, das zu tun, was man liebt, und dabei auch noch etwas zu verdienen?

Wenn man eine einfache Google-Suche nach dem Wort „Songwriting“ macht, dann landet man sofort auf unzähligen Seiten, auf denen erklärt wird, wie man Songs schreibt. Wie Akkorde angewendet werden sollten oder wie eine Hookline so geschrieben werden kann, dass sie sich als Ohrwurm beim Zuhörer festsetzt. Du findest auch die “Top 10 Best Songs in History“ und sogar Einladungen zu “Songwriting Camps“. Die gleiche Google-Suche zeigt dir sogar Informationen darüber auf, wie du an einen Bachelor-Grad in Songwriting rankommst. Einen Bachelor in Songwriting? Echt jetzt? Das muss wohl der sinnloseste Bachelor seit der Geschichte des Bachelor-Grades sein.

Ok, vielleicht bin ich jetzt ein bisschen unfair. Was weiß ich denn schon, was ein Bachelor in Songwriting bringt. Vielleicht lernt man ja doch das eine oder andere hilfreiche Zeug während des Studiums. Ich frage mich nur, ob es Teil des Studienplanes ist zu erörtern, wie man mit einer einfachen vierteiligen Akkordfolge große Geldsummen verdienen kann. Ich könnte mir durchaus vorstellen, dass dieses Wissen für einige Studenten von bedeutendem Interesse sein könnte.

Ich habe also in Wirklichkeit keine Ahnung, was man auf so einem Bachelor-Lehrgang über Songwriting tatsächlich lernt, aber ich weiß zumindest, was ich dir beibringen will. Dein Songwriting hat einen echten Wert. Einen echten Wert, der in echtes Geld umgewandelt werden kann. Ich will, dass du mit deinem Songwriting Geld verdienen kannst und zwar so viel, dass du problemlos davon leben könntest, wenn du wolltest.

In diesem Buch werde ich den Monetisierungsprozess deiner Songs in sieben leicht verständliche und einfach anwendbare Schritte aufteilen. Jeder deiner Songs wird diese sieben Schritte durchleben, um dir am Ende des Tages Kohle auf dein Konto spülen zu können. Natürlich ist nichts falsch daran, wenn du aus irgendeinem Grund deine Songs nicht zu Geld machen möchtest. Wenn das bei dir der Fall ist, dann ist das natürlich absolut in Ordnung. Ich ziele lediglich darauf ab, meine Informationen denjenigen zukommen zu lassen, die sich etwas dazuverdienen möchten oder vielleicht sogar mit dem Gedanken spielen, Songwriting als ihre primäre Einnahmequelle anzusehen.

Die folgenden Schritte werden dir im Detail erklären, worauf du deinen Fokus legen solltest und was du vermeiden solltest, um deinen Songwriting-Cashflow zu maximieren. Der Aufwand, den du in jeden dieser sieben Schritte legen wirst, wird immer einen direkten Einfluss auf das finanzielle Potenzial deines geistigen Eigentums haben. Ich empfehle dir daher, genau zu lesen, was ich dir zu sagen habe, und meine Empfehlungen in vollem Umfang anzuwenden.

Ich habe dieses Buch unter anderem deshalb geschrieben, weil ich möchte, dass du neben dem Vergnügen des Schreibens und Hörens deiner eigenen Musik auch finanziell damit erfolgreich bist. Das

Musik-Business ist hart genug, aber es wird nur unnötig härter, wenn man nicht versucht, das volle Potenzial aus seinen Fähigkeiten zu machen. Vor allem dann, wenn das Musik-Business sogar einige Systeme etabliert hat, die dir Geld auf einem silbernen Tablett servieren. Und glaub mir: Es gibt Geld im Musik-Business zu holen. Die meisten holen es sich nur nicht. Meine abschließenden Worte in dieser Einleitung wirken nun vielleicht entgegengesetzt meiner bisher geschriebenen Worte, aber du wirst früh genug erkennen, dass sie der einzige Weg zu finanziellem Erfolg durch Songwriting sind:

Arbeite nicht für das Geld.
Arbeite für die Kunst.

Und dann achte darauf, dass du damit auch Geld verdienst.

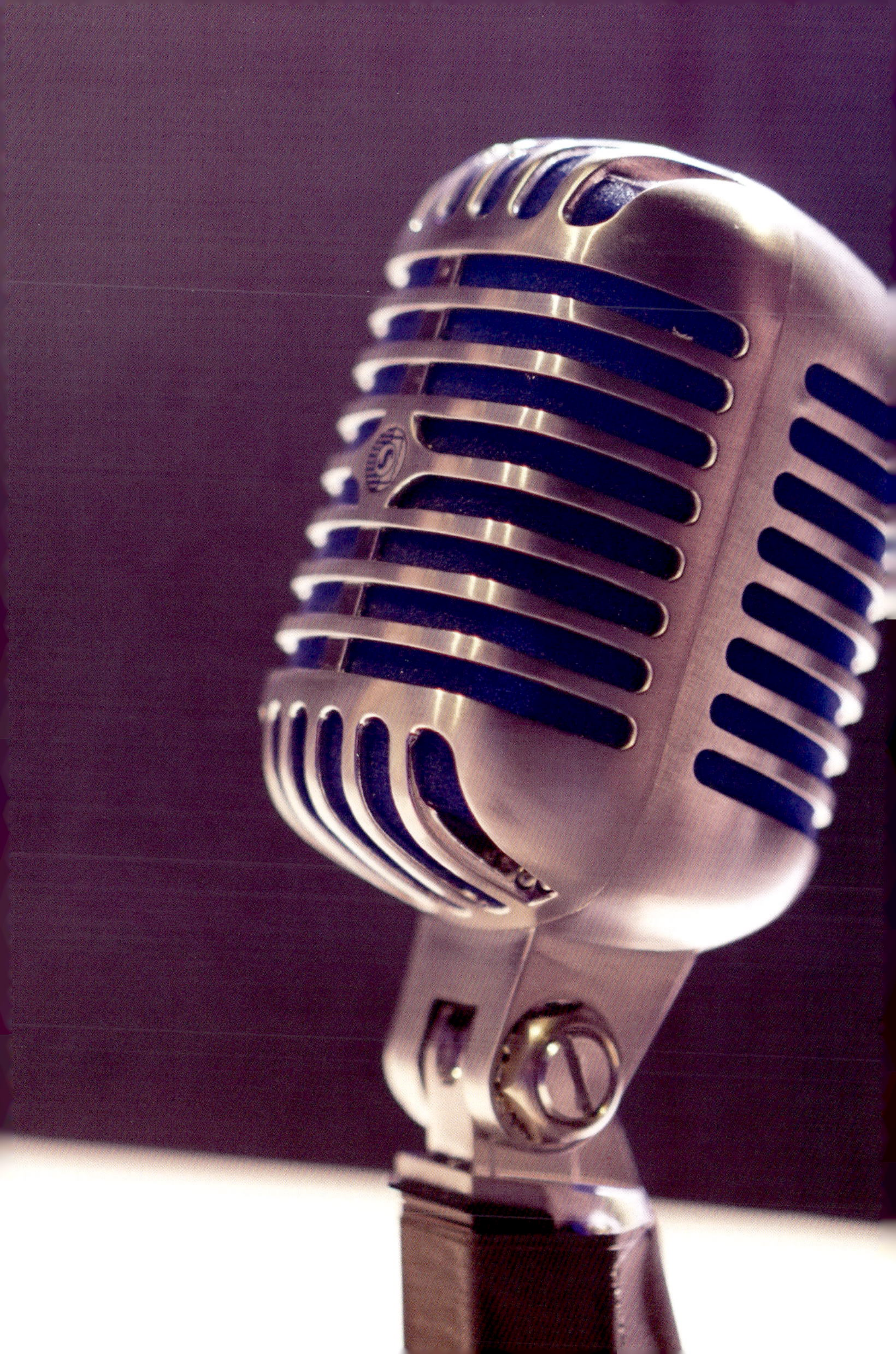

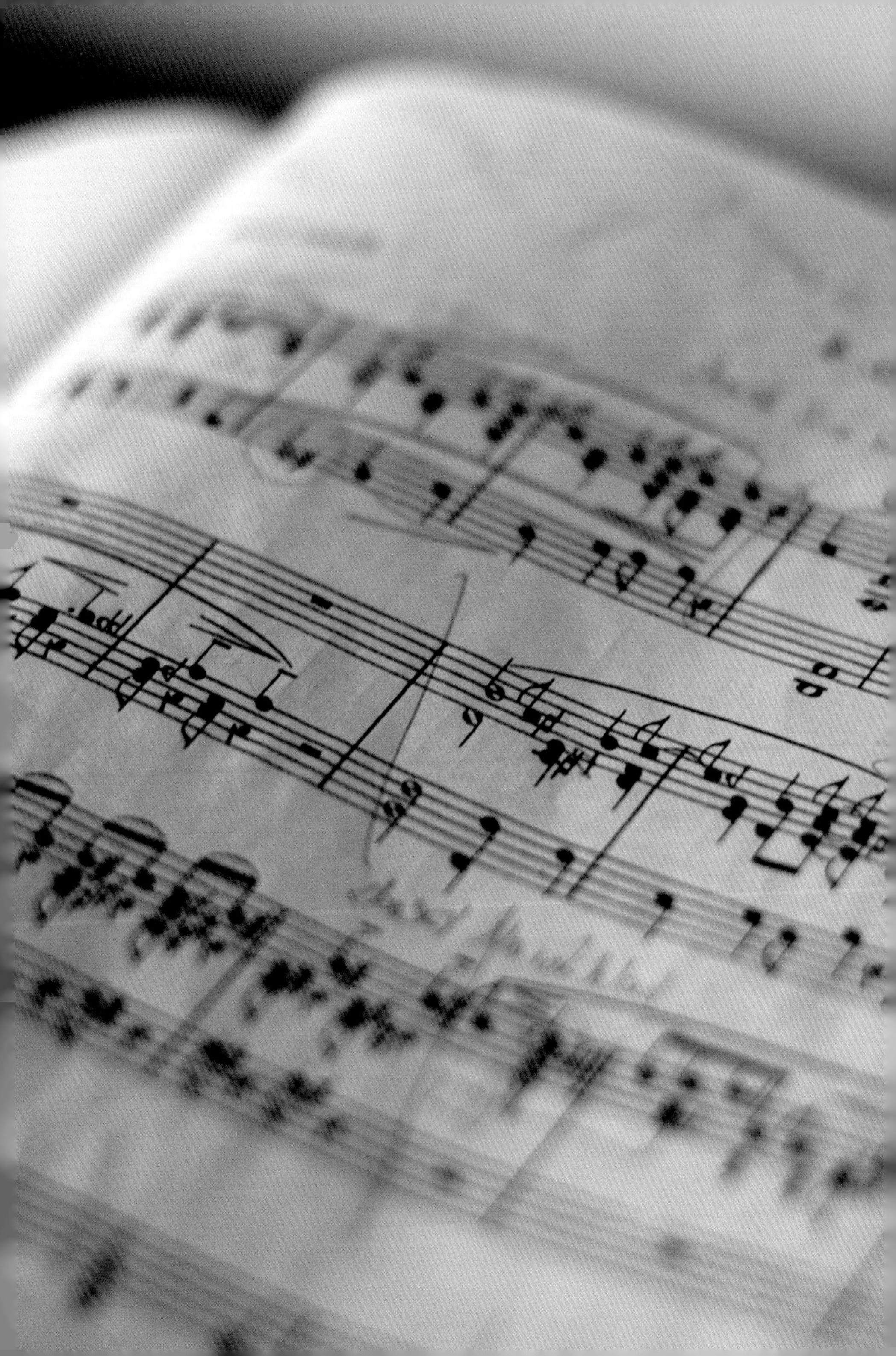

Die 7 Schritte – Ein kurzer Überblick

Um es einfach zu halten, werde ich dir nun eine erste Übersicht über die 7 Schritte geben, die du mit jedem einzelnen deiner Songs gehen solltest, damit er dir Geld einspielen kann:

Die 7 Schritte des Songwriting-Cashflows sind:

Schritt #1. **Songwriting**
Schritt #2. **Demoproduktion**
Schritt #3. **Marketing**
Schritt #4. **Aufnahme**
Schritt #5. **Öffentliche Aufführung und Verkäufe**
Schritt #6. **Cashflow**
Schritt #7. **Auf ein Neues**

Jeder dieser sieben genannten Schritte ist absolut relevant für den finanziellen Erfolg deiner Songs. Innerhalb jedes Schrittes gibt es einen sehr klaren Weg zu gehen und jeder Schritt baut auf dem vorhergegangenen Schritt auf. Wenn ich das große Ganze betrachte, würde ich sogar so weit gehen zu sagen: Jeder einzelne dieser sieben Schritte hat das Potenzial, den finanziellen Wert deines Songs zu erhöhen. Ich habe für mich entdeckt, dass ich im Songwriting-Business erfolgreich bin, wenn ich genau diese 7-Schritte-Regel befolge: Du nimmst jeden Schritt behutsam, aber eindeutig. Erst wenn du alle Schritte gegangen bist, kommst du dort an, wo du hinwolltest. Übrigens – falls du denkst, dass du problemlos den einen oder anderen Schritt auslassen kannst: Klar kannst du das grundsätzlich tun, aber pass auf, dass du dabei nicht stolperst. Wer zwei Schritte auf einmal nimmt, kann leicht Gefahr laufen, dass so etwas passiert.

Jeder einzelne dieser sieben Schritte ist sehr individuell und unterscheidet sich gravierend von allen anderen, da jeder Schritt ein eigenes Set an Fähigkeiten benötigt, um ihn erfolgreich zu meistern. Das ist auch genau der Grund, warum so viele Songwriter niemals Geld durch ihre Arbeit erhalten. Diese Writer fokussieren sich nämlich oft und viel zu sehr ausschließlich auf den Schritt #1: Songwriting. Obwohl grundsätzlich nichts falsch daran ist, wird das Endergebnis wohl zwar ein Song sein – mehr aber nicht. Du wirst nicht in der Lage sein, damit Geld zu verdienen. Verstehe mich nicht falsch: Wenn ein Song alles ist, was du möchtest, dann ist es absolut korrekt, dass du dich nur auf Schritt #1 konzentrierst. Wenn du aber deine Einnahmen durch Tantiemen aus deinem geistigen Eigentum lukrieren möchtest, ist es erforderlich, dass du auch die sechs verbleibenden Schritte nach und nach hinter dich bringst!

Ich persönlich denke, dass Walt Disney es genau richtig machte, indem er zwar eigentlich künstlerisch tätig war, aber seine tollste Kreation – Mickey Mouse – von Anfang an wie ein Business behandelt hat. Um erfolgreich zu sein, ist es erforderlich, dass du eher wie ein Unternehmer – wie ein Entrepreneur – zu denken anfängst, anstatt wie ein Songwriter. Eigentlich wäre es ein Mix. Lass uns deinen zukünftigen Job einfach Songtrepreneur nennen. Deine Kunst muss natürlich großartig sein. Wenn das nicht der Fall ist, wird dein Vorhaben deutlich schwieriger. Obwohl du immer in der Lage sein wirst, sogar schlechte Songs zu Geld zu machen, wirst du wohl eher von Glück gesegnet sein müssen, um tatsächlich konstant erfolgreich mit schlechten Songs zu sein. Die sieben Schritte sind aber keine Glückssache. Sie sind deine Grundlage. Dein Weg. Dein Businessplan.

Du kannst davon ausgehen, dass das iPhone unter anderem deshalb das meistverkaufte Telefon der Welt ist, weil Apple für jedes seiner Produkte sein eigenes Set von Schritten hat, die das Unternehmen konstant und wiederholt geht. Nun ja, wenn es für Apple funktioniert, dann mit Sicherheit auch für dich!

Wenn du dieses Buch durchgelesen hast, ist es an der Zeit für dich zu reflektieren, was du in der Vergangenheit bereits richtig gemacht hast, was du vielleicht anders gemacht hast und vor allem herauszufinden, welchen Schritt du vielleicht komplett ausgelassen hast. Wenn du dir dessen bewusst bist, brauchst du nur noch meine hier beschriebenen Konzepte auf dein Songwriting übertragen – et voilá. Willkommen im Club der finanziell erfolgreichen Songwriter.

Auf geht's!

Die 7 Schritte des Songwriting Cashflow

Repeat

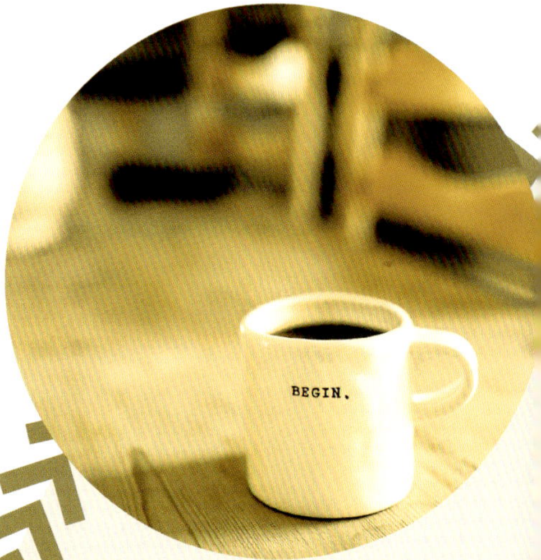

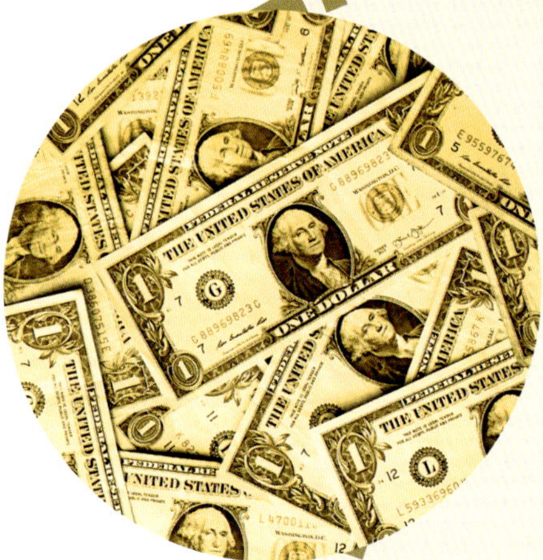

Cashflow

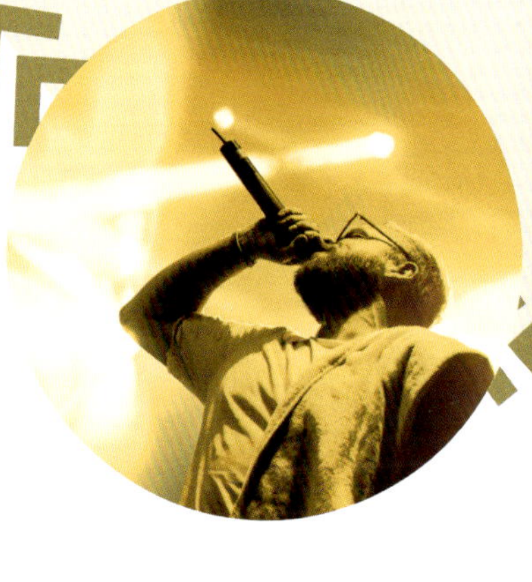

Aufführung & Verkäufe

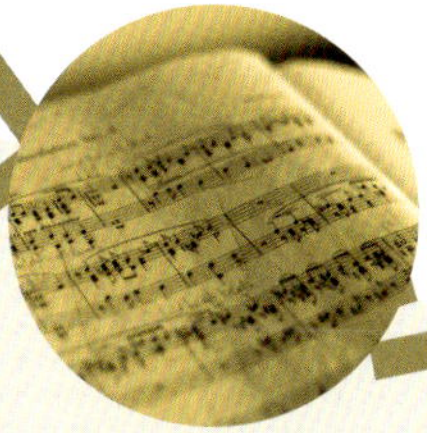

Songwriting

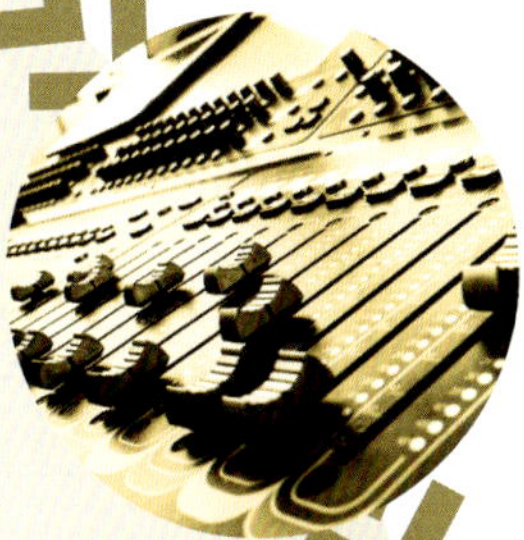

Demoproduktion

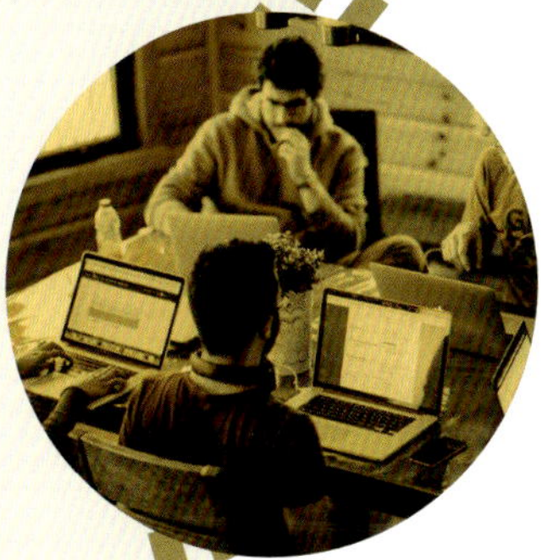

Marketing

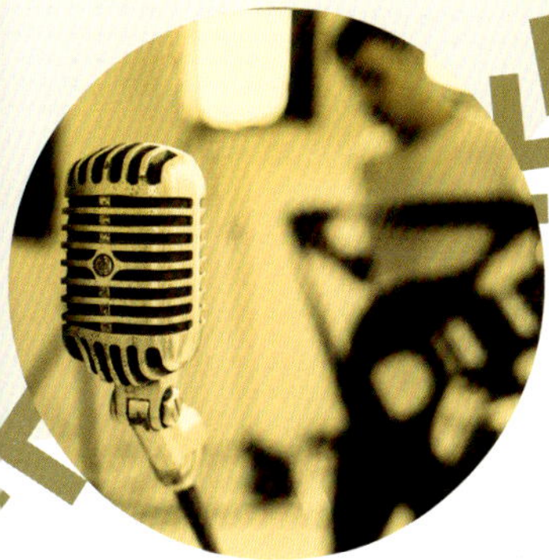

Aufnahme

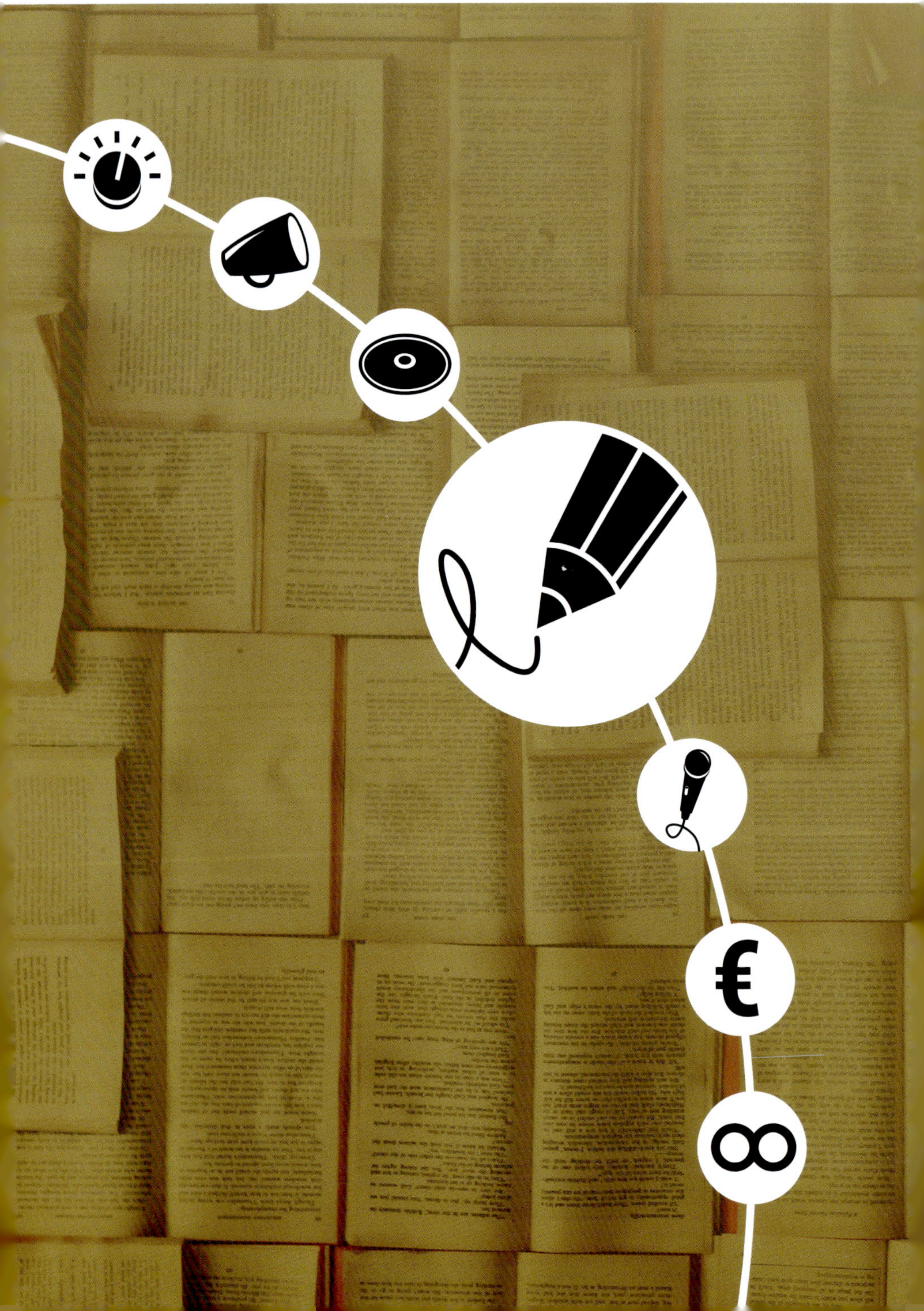

Songwriting ist ein Muskel. Je mehr du es trainierst, desto stärker wird es.

– Jason Derulo, Sänger

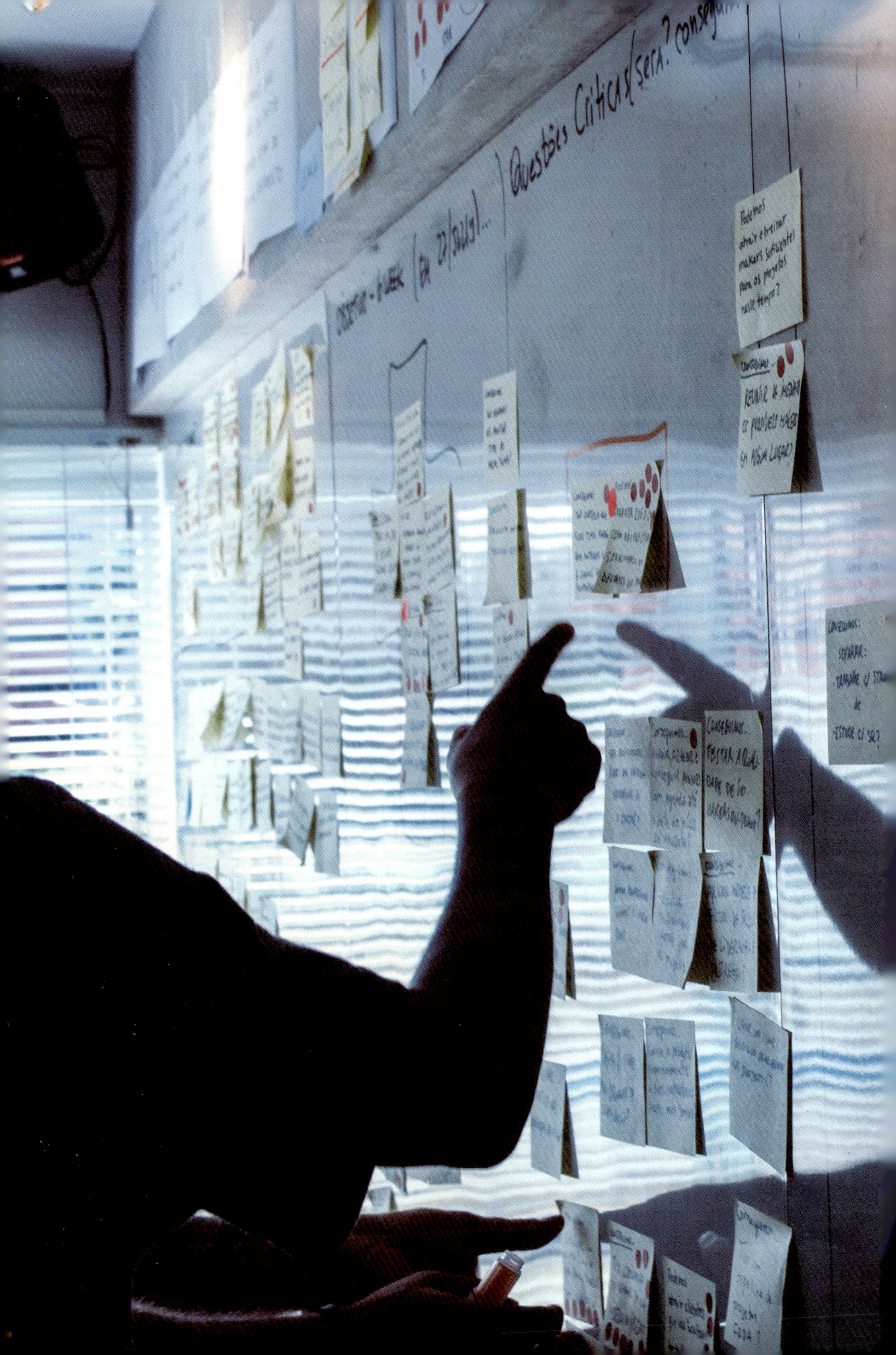
Questões Críticas
Podemos atrair e treinar makers suficientes para os projetos neste tempo?

1 Schritt #1 – Songwriting

Wie der Titel des Buches bereits vermuten lässt, ist das kein Buch, das sich mit der Technik des Songwritings beschäftigt. Ich werde dir weder erzählen, wie du eine tolle Hookline schreibst, noch welche Noten die C-Dur-Tonleiter beinhaltet. Stattdessen werde ich dich durch den Prozess des erfolgreichen Songwritings führen, und zwar aus einer Business-Perspektive.

Lass uns dazu zuerst einmal in das Mindset eines erfolgreichen Verkäufers tauchen: Jeder große Erfolg im Verkauf fängt grundsätzlich bei einem guten Produkt an. Ich weiß, es klingt vielleicht trocken wie die Sahara, aber für den Zweck dieses Buches werden wir deine Songs einfach mal deine Produkte nennen. Als Songschreiber bist du sozusagen der Erfinder deiner Produkte. Bevor wir uns überhaupt mit irgendetwas anderem beschäftigen, musst du zu hundert Prozent verstehen, dass deine Produkte die Eckpfeiler deines Songwriting-Business sind und dass diese genau deshalb so richtig gut sein sollten. Mehr als gut! Mega! So richtig "the shit"! Warum?

Ganz einfach. Jeder Sänger, jede Sängerin, jede Band, jedes Tonstudio, jeder Manager, jeder Verlag und jede Plattenfirma im Musik-Business ist immer auf der Suche nach den besten Produkten am Markt. So wie in jeder anderen Branche auch. Alle wollen das Beste haben. Solange es also bessere Produkte als deine gibt, wird es schwerer für dich, in diesem Markt zu bestehen und Profite zu machen. Lass uns ein einfach nachvollziehbares Beispiel aus der Sicht derer besprechen, die deine Produkte nutzen:

Stell dir vor, du bist Sänger und arbeitest an deinem neuen Album. Dein Label hat 120 Demos zugesandt bekommen, aus denen du nun gemeinsam mit deinem Management auswählen kannst. Du und dein Team, ihr entscheidet euch für 12 Demos, mit denen ihr arbeiten wollt, und ihr schließt den Rest der Songs aus. Festhalten: Das bedeutet, dass bereits 90 Prozent der möglichen Produkte vom Tisch sind! Welche wohl? Die schlechtesten 90 Prozent natürlich. Von den 12 Songs, die das Rennen gemacht haben, wird nun eine weitere Auswahl getroffen: Welcher der Songs zur Single und welcher bloß ein Albumtitel wird. Die Singles sind jene Lieder, die ausgewählt werden, um das gesamte Album zu promoten. Sie sind die Titel, die im Radio zu hören sein werden, im Fernsehen zu sehen sind oder auch am Live-Konzert in der Zugabe wiederholt werden. Sie sind oft auch die Titel, die es gleich auf mehrere Compilation-CDs schaffen, die sich ebenfalls im Sinne des Urhebers verkaufen. Laut meiner Erfahrung haben Singles das finanzielle Potenzial vom 10- bis 100-fachen (!!!) eines reinen Albumtitels im ersten Jahr nach der Veröffentlichung. Die Einnahmen durch Singles sorgen natürlich auch noch für deutlich höhere Einnahmen im Laufe der Zeit, aber dazu komme ich später noch. Wenn wir nun davon ausgehen, dass ein Album mit 12 Titeln etwa 3 Singles und 9 Albumtitel beinhaltet, können wir schon sehr deutlich sehen, dass eine Minderheit an Songs (3 Singles von 120 Songs = 2,5 Prozent) von deutlich höherem finanziellen Wert sind als die Mehrheit (9 Albumtitel und die restlichen 108 Songs = 97,5 Prozent) der als Demos eingereichten Songs.

Wie bereits oben angesprochen, sollten deine Produkte also extrem stark sein, um eine Chance zu haben, in den obersten 2,5 Prozent der besten Songs zu landen, um als Single in Frage zu kommen. Das ist auch einer der wichtigsten Gründe, warum du in jedem Fall daran denken solltest, mit einem Co-Writer zu arbeiten, aber in erster Linie gilt es natürlich, deine eigenen Songwriting-Skills zu checken, zu verbessern und das Maximum rauszuholen.

Auf deinem Weg zum finanziell erfolgreichen Songwriter solltest du immer im Hinterkopf behalten, dass alle sieben Schritte gleich wichtig sind. Nichtsdestotrotz ist Schritt #1 als sehr besonders anzusehen, weil er zum einen das Fundament darstellt, auf dem alle weiteren Schritte aufbauen werden, und zum anderen, weil es die einzige Phase ist, in der du in der Lage sein wirst, deinem Produkt auch deinen Stempel aufzudrücken. Jeder einzelne in Schritt #1 geschriebene Song definiert sozusagen deine Marke. Niemand wird jemals auf dich zukommen und sagen: „Wow, du hast echt einen ganz tollen Job mit diesem Demo gemacht“, oder „Unglaublich! Die Art und Weise, wie du diesen Song der Plattenfirma vorgestellt hast, war genial!“ Wird nicht passieren. Im Gegenteil. Die Menschen um dich herum werden immer nur in der Lage sein, einen einzigen Schritt als deine Leistung wahrzunehmen: Schritt #1. Dein Songwriting. Dennoch wirst du deine Energie gleichmäßig auf alle Schritte verteilen müssen, wenn du finanziell erfolgreich werden willst. Obwohl ich also bereits erwähnt habe, dass dieses Buch kein „Wie man Songs schreibt“-Buch ist, ist es absolut relevant, dass du konstant besser darin wirst, Songs zu schreiben. Ich werde deshalb dieses Thema zumindest kurz streifen:

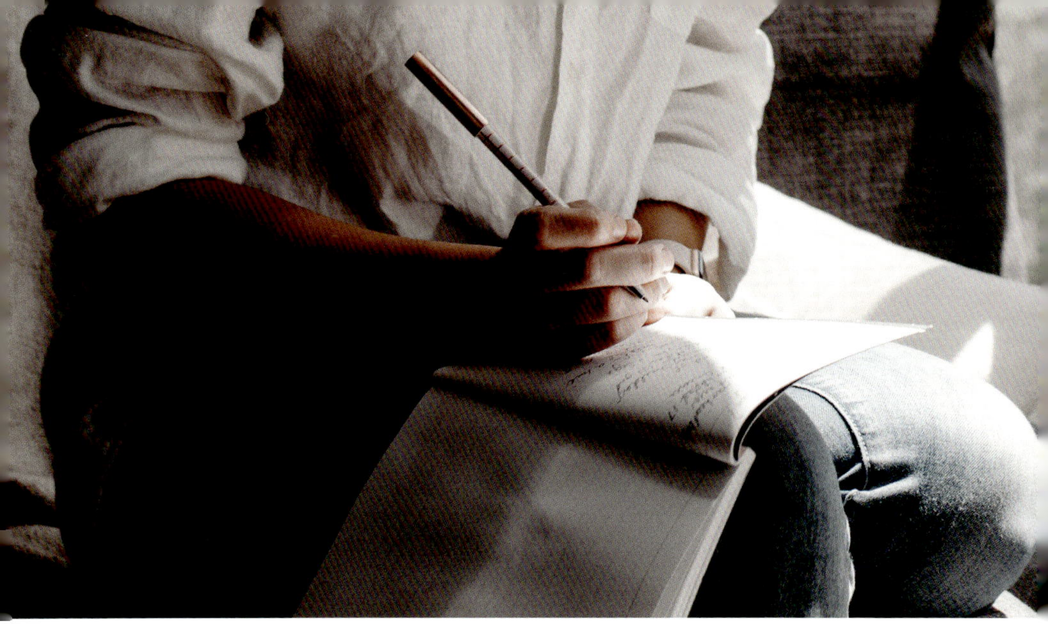

1.1 Wie du im Songwriting besser wirst

Soweit ich bis jetzt weiß, gibt es keine Abkürzungen. Um eines der Themen aus der Einleitung ein weiteres Mal aufzugreifen: Ich glaube auch nicht, dass ein Bachelor-Titel alleine dafür sorgen kann, dass du deine Songwriting-Ziele erreichst. Besser zu werden in jeglicher Sache erfordert in erster Linie immer Zeit mit genau dieser Sache zu verbringen. Im Buch „Outliers, The Story of Success“ erwähnt Malcolm Gladwell wiederkehrend die 10.000-Stunden-Regel als ein Konzept, um ein Interessensgebiet perfekt zu beherrschen. Er denkt, dass jedes Handwerk 10.000 Stunden intensive Beschäftigung erfordert, um es vollständig zu meistern. Sein Buch geht davon aus, dass Talent zwar wichtig, aber niemals ein konkurrierender Faktor zur aufgewendeten Zeit für eine Tätigkeit ist.

Da das hier kein „Wie man schreibt“-, sondern ein „Wie man verdient“-Buch ist, würde ich also vorschlagen, dass du dir schlichtweg regelmäßig den Arsch abrackerst und in allen möglichen Quellen

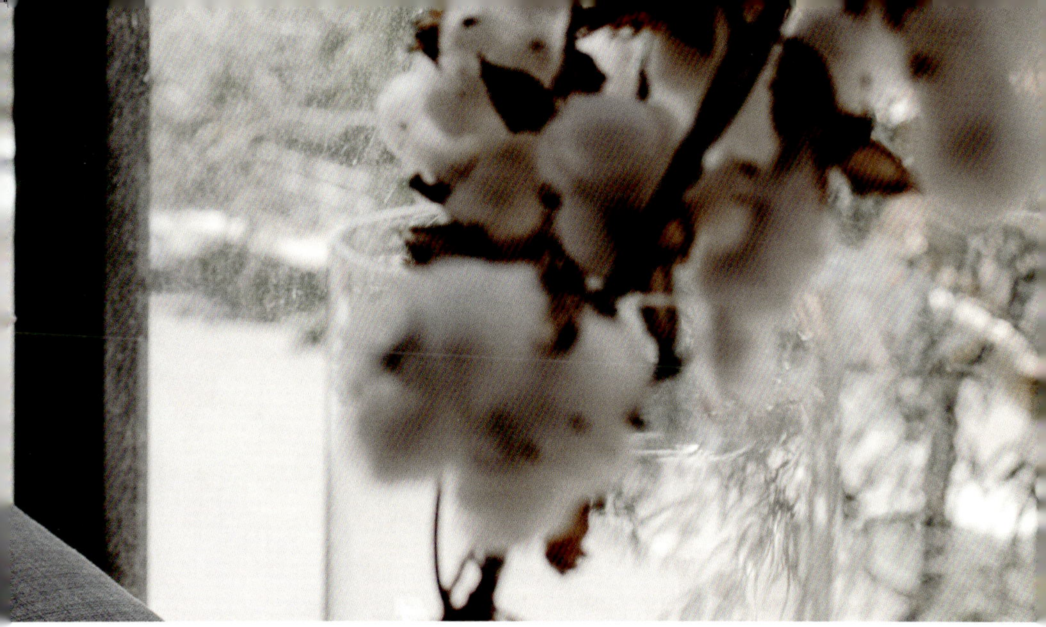

nach Informationen suchst, wie du im Songwriting besser werden kannst. Es gibt unzählige Bücher, unzählige Videos und Files im Internet genauso wie Online-Kurse, Offline-Kurse und potenzielle Songwriting-Partner, die nur darauf warten, von dir entdeckt und genutzt zu werden. Tu es. Vergiss dabei nicht, dass learning by doing alles ist, was du benötigst, um voranzukommen. Bleib auf keinen Fall in der Theorie hängen. Setz dich vor deinen Laptop oder ein unbeschriebenes Blatt Papier und fang an, deine Hits zu schreiben. Es ist wirklich klar wie Kloßbrühe: Die Menge an Output steht immer in direkter Relation zu der Menge an Input. Es ist sehr wahrscheinlich, dass sich deine Mühen, sofern sie effizient sind, direkt an deinem Kontostand ablesen lassen.

Wie du als Musiker mit deinen Ressourcen effizient umgehst, habe ich in meinem Buch **Erfolgreich, aber rasch!** beschrieben. Solltest du dir also nicht sicher sein, wann, wo und wie du als Musiker tatsächlich effizient bist, habe ich bereits alles für dich, inklusive einiger Beispiele in diesem Buch vorbereitet.

1.2 Die Gründe, um mit einem Co-Writer zu schreiben

Ein Co-Writer bedient im Regelfall sehr wesentliche Ziele:

1.2.1 Er oder sie macht den Songwriting-Schritt leichter (schneller oder lustiger – oder beides!)

Daran besteht wohl kein Zweifel. Da es sehr wahrscheinlich ist, dass der Songwriting-Schritt eine Menge Zeit konsumiert, wäre es mehr als hilfreich, wenn du dafür sorgst, dass dieser Schritt so effizient wie nur möglich gehalten wird. In diesem Fall bedeutet Effizienz für mich unter anderem, dass ich in der Lage bin, meine Songs schneller zu schreiben. Auf den Business-Gedanken übertragen bedeutet das, dass ich geringere Produktionskosten für meine Songs habe, weil die Zeitkosten verringert sind. Es ist augenscheinlich, dass du erst dann mehrere Produkte verkaufen kannst, wenn du mehrere Produkte produziert hast. Auf diese Art und Weise hast du auch mehrere Eisen im Feuer, wenn es darum geht, die weiteren Schritte erfolgreich zu gehen.

Effizient zu sein hat aber nicht ausschließlich mit der Quantität zu tun, sondern auch mit der Qualität deiner Produkte sowie der Qualität deines Arbeitsumfeldes. Mit Partnern zu arbeiten, die einen positiven Einfluss auf das Arbeitsumfeld haben, war immer schon ein großes Ziel von mir.

Ich habe in meinem Buch **Finanztipps für Musiker** sogar einen eigenen Begriff dafür definiert: Businessfreunde. Wenn du genau wissen willst, was das ist und wie dich diese sehr besonderen Businesspartner in deiner finanziell erfolgreichen Musikerkarriere weiterbringen können, kannst du das dort nachlesen.

Ich bin komplett davon überzeugt, dass auch du viele Songwriter finden kannst, die einen ähnlichen Zugang zur Musik haben wie du selbst. Solltest du dir tatsächlich unsicher sein, ob dir das einen Nutzen bringt, bleibt für mich nur zu sagen: Probiere es aus! Es lohnt sich.

1.2.2 Dein Co-Writer verhilft deinen Songs dazu, in „Single-Range" zu kommen

Wie Jeff Bezos, der Gründer von Amazon, sagte: „Gute Geschäftsführer sollten immer versuchen, die dümmste Person im Raum zu sein. Dadurch ist es ihnen immer möglich, am meisten in der ausgewählten Gesellschaft zu lernen." Auch ich habe in meiner Musik- und Songwriting-Karriere versucht, mich laufend mit erfahreneren oder schlichtweg besseren Musikern zu umgeben. Es war zwar nicht immer angenehm, wenn man wie ein kleines Dummerchen dasteht, aber ich bin überzeugt, dass sich das längerfristig total ausgezahlt hat.

Mir fällt bei der Gelegenheit gleich meine erste Band ein, in die ich als der mit Abstand schlechteste Musiker eingestiegen bin. Ich konnte die E-Gitarre damals kaum richtig halten und das hat tatsächlich zu einigen unangenehmen Situationen während der Proben geführt. Etwa zwei Jahre später spielte ich dem Bassisten, dem Drummer und dem Westerngitarristen auf ihrem jeweiligen Instrument in den Proben regelmäßig das vor, was sie zu tun hätten. Ich stieg aus der Band aus, als ich der am weitesten fortgeschrittene Musiker der Truppe war, nur um in eine neue Band einzusteigen, wo ich im Vergleich zu den anderen wieder einmal wie ein musikalischer Anfänger gewirkt haben muss. Und so hat sich dieses Rad immer weitergedreht. Aber ich schweife ab. Zurück zum eigentlichen Thema.

Ich bin überzeugt, dass die Herangehensweise von Jeff Bezos nicht nur ein hervorragender Weg ist, um zu lernen, sondern vor allem auch, um das eigene Produkt zu verbessern. Denn je mehr du über dein

Produkt gelernt hast, umso besser kannst du es auch machen. Wenn du jemals entscheiden müsstest, würde ich dir immer raten, lieber einen kleinen Anteil eines tollen Produktes zu besitzen, als einen großen Anteil eines schlechten Produktes. Das schlechte Produkt interessiert nämlich schlichtweg niemanden.

Wenn du nun mit einem guten Co-Writer zusammenarbeitest, ist die Verbesserung deines Produktes das, was im besten Fall passieren kann. Du wirst einen gewissen Anteil des Urheberrechts dafür hergeben müssen, um eine höhere Chance auf ein erfolgreiches Produkt zu haben, aber das macht nichts. Wieviel Prozent du im Falle eines Co-Writers hergeben solltest? Nun ja, das kommt darauf an. Ich war noch nie ein Fan vom Erbsenzählen, weshalb ich im Regelfall dafür bin, das geistige Eigentum einer Komposition gleichmäßig unter allen Urhebern aufzuteilen, die einen wesentlichen Beitrag zum Song beigesteuert haben. Je mehr du deinen Co-Writern vertraust und je mehr Erfahrung du in dieser Sache hast, desto einfacher wird dir der Prozess fallen. Selbst wenn ich bei einem Song einmal mehr als die Hälfte beisteuere, aber nur die Hälfte des Urheberrechts dafür bekomme, ist mir das schnurzpiepegal, solange ich weiß, dass mein Co-Writer es ebenso tun würde. Wir sind ein Team. Wären wir das nicht, würde ich mir eben einen anderen Co-Writer suchen. Auch hier sehen wir wieder: Genauso ist es auch bei großen Konzernen. Auch die geben problemlos Anteile an ihrem Unternehmen her (z. B. in Form von Aktien), sofern sie der Meinung sind, dass ihnen der erhaltene Gegenwert mehr bringt als der ausgegebene Anteil.

Wenn es dein Co-Writer also tatsächlich schafft, die Qualität deiner Songs zu steigern, gibt es beinahe nichts, das noch falsch laufen könnte. Da Singles einen weit größeren Wert als die restlichen Titel haben, ist die Chance auf eine Single einen sehr hohen Prozentanteil deiner Bezugsrechte wert. Du wirst für dich entscheiden müssen, was das in Zahlen für dich selbst bedeutet. Es wird mit Sicherheit auch Zeiten geben, wo du denkst, dass du mit deinen Anteilen zu großzügig warst.

Auch ich bin schon so richtig heftig beschissen worden. Um wieviel Prozent? Um sage und schreibe 100 Prozent meines Urheberrechts an einem Text für ein Lied. Ich habe diesen Text alleine verfasst und wurde im Nachhinein zwischen den Zeilen von einem Plattenboss damit erpresst, dass er mir einige Türen für immer schließen würde, wenn ich nicht einwilligen würde, meinen Text zu 100 Prozent einem anderen Menschen zuzusprechen. Was soll ich sagen? War scheiße. Shit happens. Passiert mir aber kein zweites Mal. Ich weiß seither, dass ich nicht mehr intensiv mit Personen zusammenarbeite werde, die ich nicht gut kenne.

Die gute Nachricht ist, dass jeder Song dich mit neuen Möglichkeiten ausstattet, dich auf verschiedensten Ebenen zu verbessern. Solltest du es also tatsächlich schaffen, deine Songs als deine Produkte anzusehen, wird es für dich bestimmt einfacher werden zu verstehen, dass in jedem Business manche Produkte eine Niete sind und andere erfolgreich werden. Das ist der natürliche Lauf der Dinge und das ist auch gut so. In Schritt #1 – Songwriting – hast du allerdings noch zusätzlich die Möglichkeit, neben dem finanziellen Erfolg deiner Produkte dafür zu sorgen, dass jeder Song für sich ein wunderschönes Kunstwerk wird.

1.2.3 Der Einflussradius deines Co-Writers ist größer als deiner

Das ist vermutlich der offensichtlichste Grund für eine Kooperation aus geschäftlicher Sicht. Dein Co-Writer könnte zum Beispiel eine sehr gute Beziehung zu einem bestimmten Künstler haben oder sogar noch besser: die Endverantwortung über das Repertoire dieses Künstlers haben oder sogar der Künstler selbst sein! Ohne Zweifel würde dir das einen riesigen Vorteil bringen, um den Zuschlag zu bekommen. Ich kenne sogar Künstler, die eigene Songwriting-Camps veranstalten, bei denen sie mit interessierten und talentierten Songwritern in Co-Writing-Sessions zusammenarbeiten. Auf diese Art und Weise bekommt der Artist selbst natürlich einen Anteil am geistigen Eigentum der Songs während dieser Camps. Wenn sich der Künstler dann zu einem späteren Zeitpunkt zwischen zwei vergleichbar starken Songs entscheiden muss, ist es sehr wahrscheinlich, dass er sich für den Song entscheiden wird, wo er selbst Teile des Copyrights besitzt. Ist doch klar.

1.3 Worauf solltest du deinen Fokus legen?

Der gängigste Fehler, den sehr viele Songwriter machen, obwohl es absolut gegen die Natur eines Songwriters spricht, ist, sich auf alles Mögliche zu fokussieren außer auf die Person, für die wir eigentlich schreiben!

Obwohl viele Songwriter davon träumen, dass unterschiedliche Künstler ihre Songs singen, fokussieren sie sich regelmäßig darauf, Songs zu schreiben, die ihnen selbst gefallen. Songs, die die Songwriter am liebsten gerne selbst live performen und verkaufen wollen würden. Aber so läuft dieses Business nicht. Du musst Songs schreiben, die einen Wert für andere Künstler haben und nicht für dich. Hör dir die Musik eines Künstlers genau an und versuche herauszufinden, was wohl diesem Künstler an seinen Titeln am besten gefällt. Schließlich hat er sich in der Vergangenheit ja irgendwann einmal für diese Titel entschieden. Danach ist es dein Job, dem Künstler einen Song zu präsentieren, von dem du glaubst, dass er ihn gerne in Zukunft aufführen und aufs Album geben würde.

Ich habe während meiner Karriere schon sehr viele Songs geschrieben, die ich niemals auf Konzerten selbst aufführen würde, weil sie einfach nicht zu mir passen. Das heißt nicht, dass diese Songs nicht super sind. Im Gegenteil. Ich liebe viele von diesen Songs und höre sie mir auch selbst an, aber mir ist bewusst, dass es Künstler gibt, denen gewisse Songs aus meiner Feder eben viel eher auf den Leib geschrieben sind als mir. Ich finde es sogar wunderschön zu wissen, dass meine Songs nicht durch meine persönlichen musikalischen Präferenzen und Fähigkeiten limitiert sind. Auf diese Weise kann ich immer das Maximum aus meinen Songs herausholen. Indem mein Song den Künstler bekommt, den er braucht. Tja, und das bin eben nicht immer ich.

Es ist anfangs für sehr viele Musiker bestimmt sehr schwer nachzuvollziehen, dass ein Jazz-Nerd bei einem guten Jazz-Standard ganz genau das gleiche fühlt wie der Heavy-Metal-Head oder der Volksmusik-Fan, wenn der seine Lieblingsmusik hört. Es ist eine ganz besondere Form der Liebe für die Musik, die man durch unterschiedlichste Emotionen wahrnimmt. Als Songwriter hast du das Potenzial, alle Künstler und alle Fans aus jeglicher Musikrichtung mitten ins Herz zu treffen. Du verfügst als Writer nämlich über die Möglichkeit, die besten Qualitäten von verschiedensten Künstlern dazu zu verwenden, ihre treuen Fans mit deinen Songs glücklich zu machen. Das ist es auch, was Songwriter mit einer weltweiten finanziellen und emotionalen Skalierbarkeit ihrer Arbeit ausstattet. Das gilt allerdings nur, wenn du dich auf die Künstler und Labels konzentrierst, für die du schreibst. Fokussiere dich nicht auf dich selbst. Das hast du gar nicht nötig.

Nur um sicherzugehen, dass wir uns nicht missverstehen: Es wäre natürlich nichts falsch daran, wenn du dich auf dich selbst konzentrierst und zu diesem Zweck Songs schreibst, die du selbst aufführen möchtest. Du möchtest selbst der Künstler sein? Super. Schreib für dich selber. Als kleiner Reminder möchte ich aber hinzufügen, dass sich dieses Buch nicht exakt darum dreht. Sehr viele Konzepte sind natürlich auch in diesem Fall anwendbar. Wenn du aber vor allem finanzielle Skalierbarkeit für deine Kompositionen schaffen möchtest, kannst du das gut dadurch erreichen, dass du dich auf Künstler konzentrierst, die bereits eine etablierte und große Fanbase haben. Auf diese Art und Weise ist es deutlich einfacher, mit Songs Geld zu verdienen, weil du beinahe unendlich viele Künstler, Labels und Fans haben kannst, die gleichzeitig für deinen finanziellen Erfolg arbeiten.

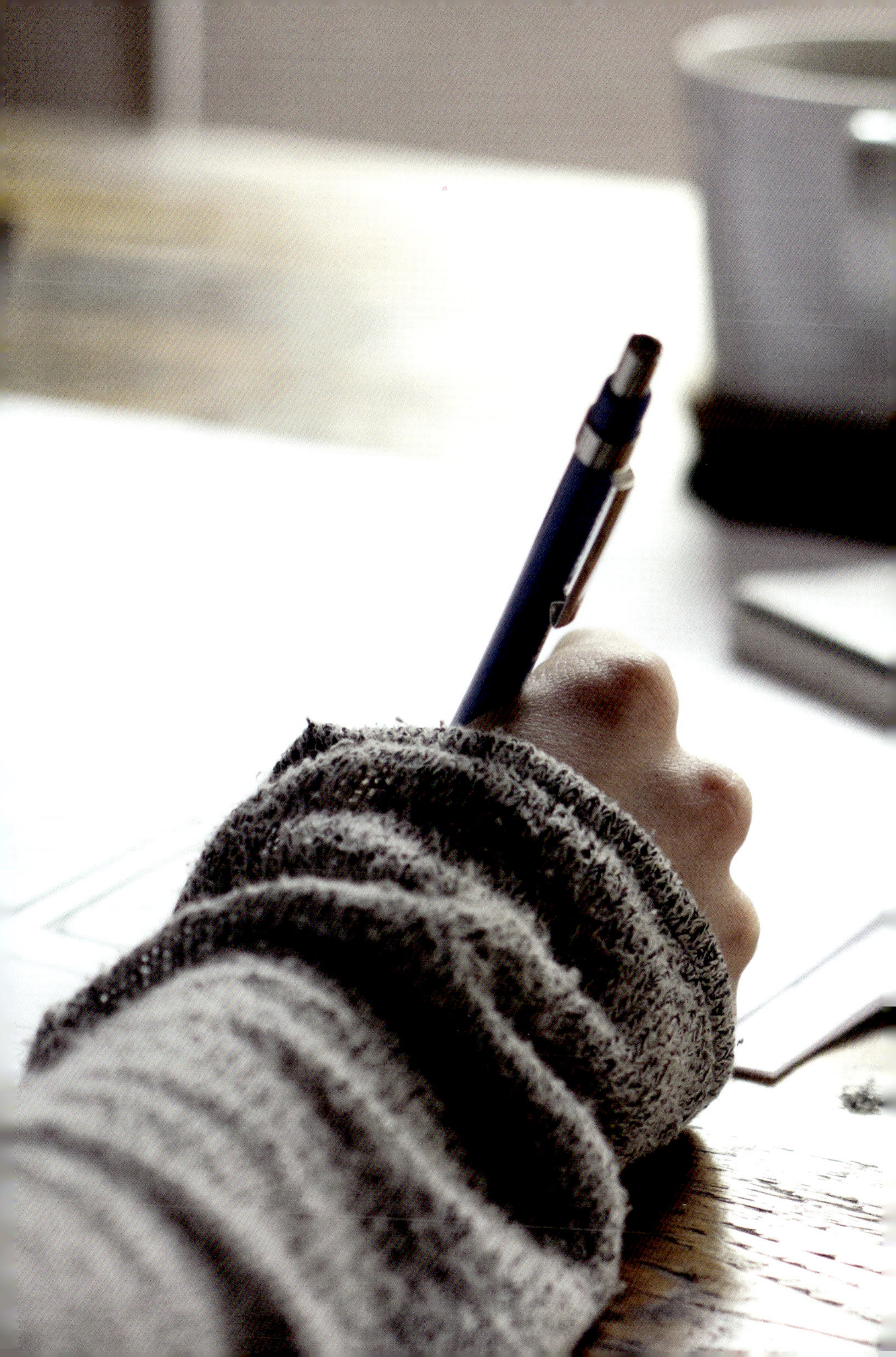

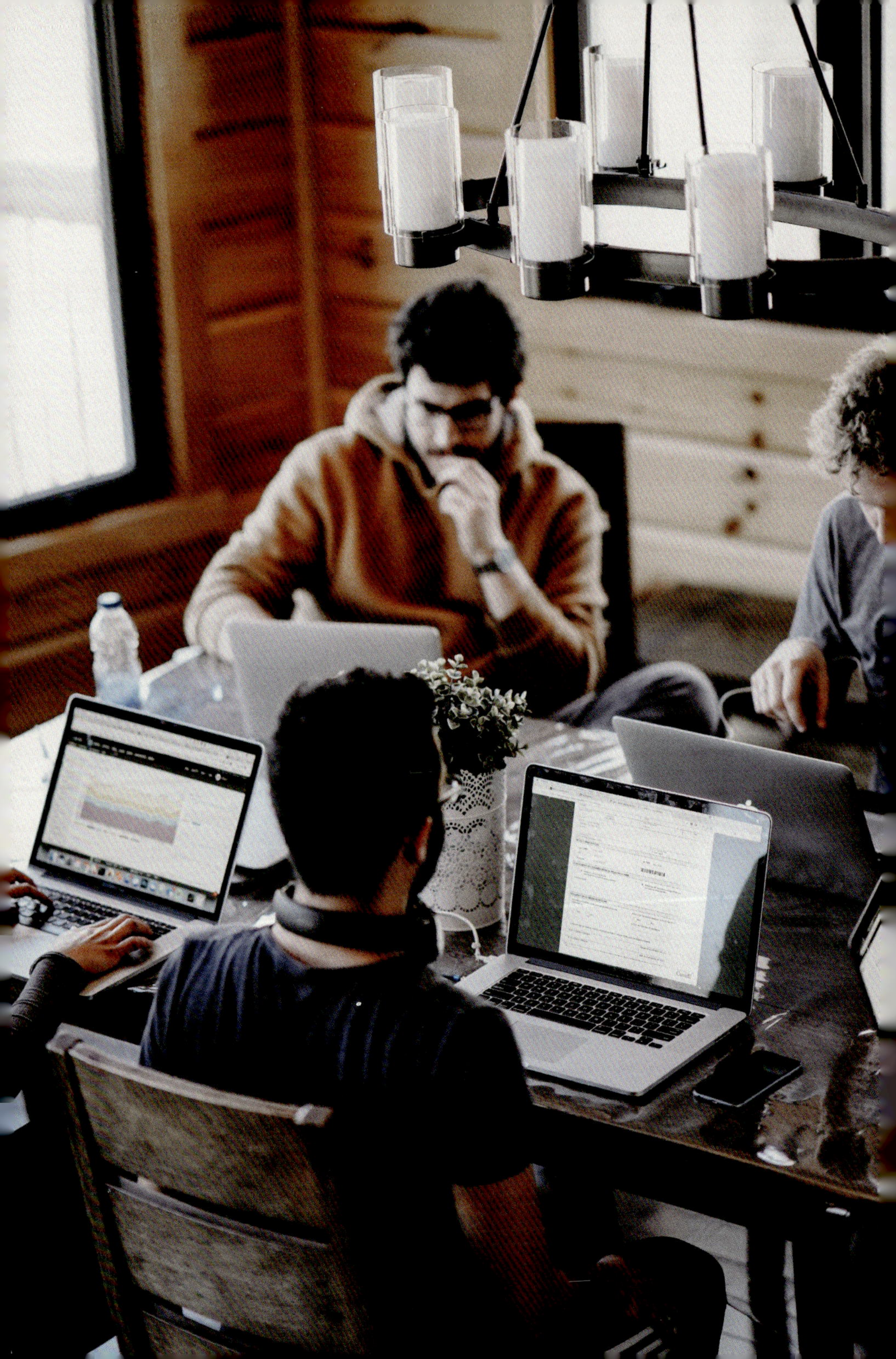

Lass uns zusammenfassen, was dein finanzielles Potenzial von Schritt #1 erhöht

1. Versuche, dein Songwriting laufend zu verbessern. Dein Ziel sind dabei immer die Singles und nicht die Albumtitel.

2. Arbeite mit Co-Writern, um die Quantität und die Qualität deiner Produkte zu erhöhen. Deine Kompositionspartner können dich auch mit einem größeren Einflussradius ausstatten und dein gesamtes Arbeitsumfeld verbessern.

3. Fokussiere deine Arbeit immer auf die Menschen, für die du schreiben möchtest, nicht auf dich selbst!

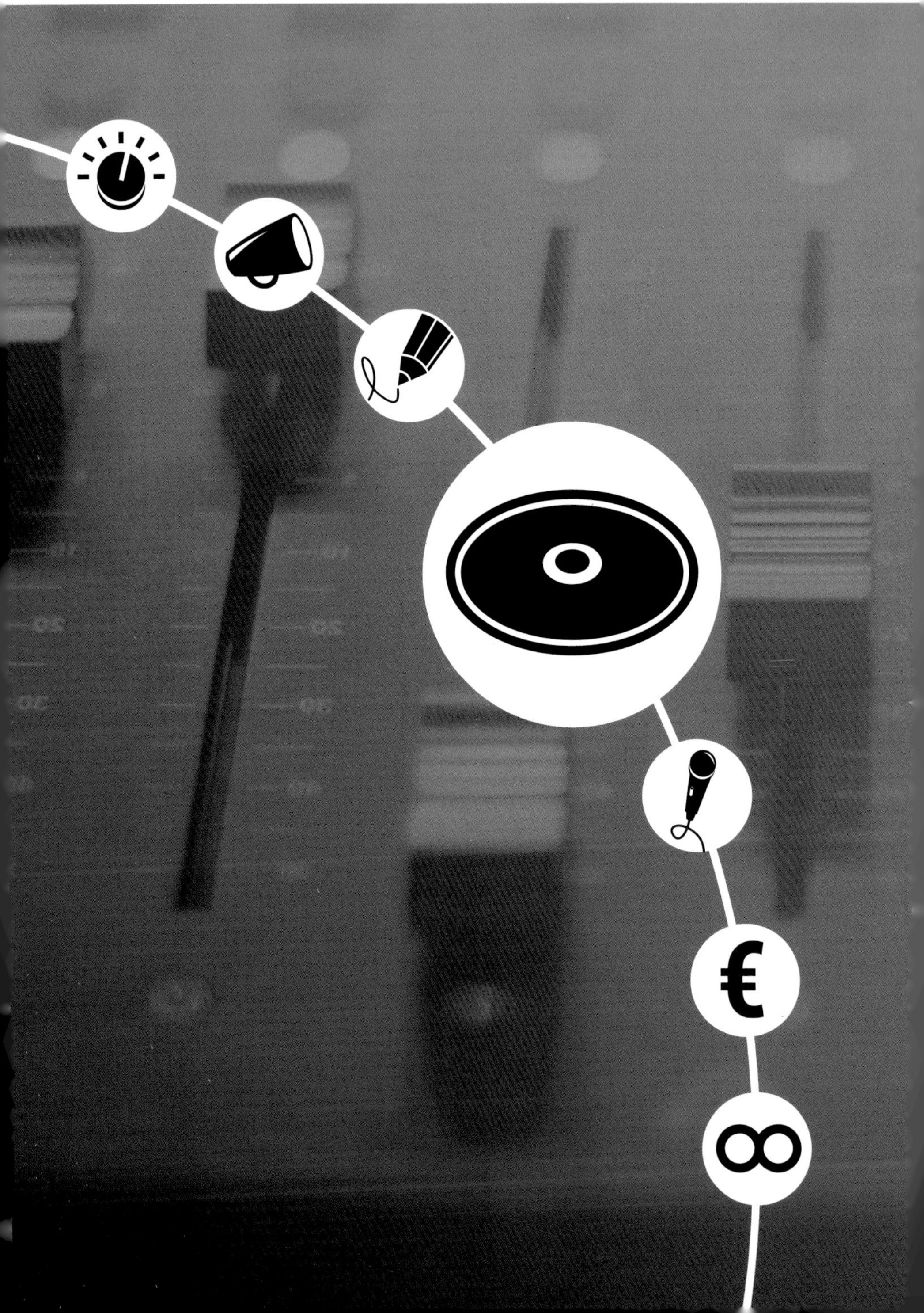

Manche Musiker remixen und remastern ihre Songs sechs, sieben Mal. Sie investieren eine Million Arbeitsstunden, nur um am Ende erneut ihr Demo anzuhören und zu sagen: „Shit, das klingt viel besser als die fertige Aufnahme.“

– Jack White, Musiker

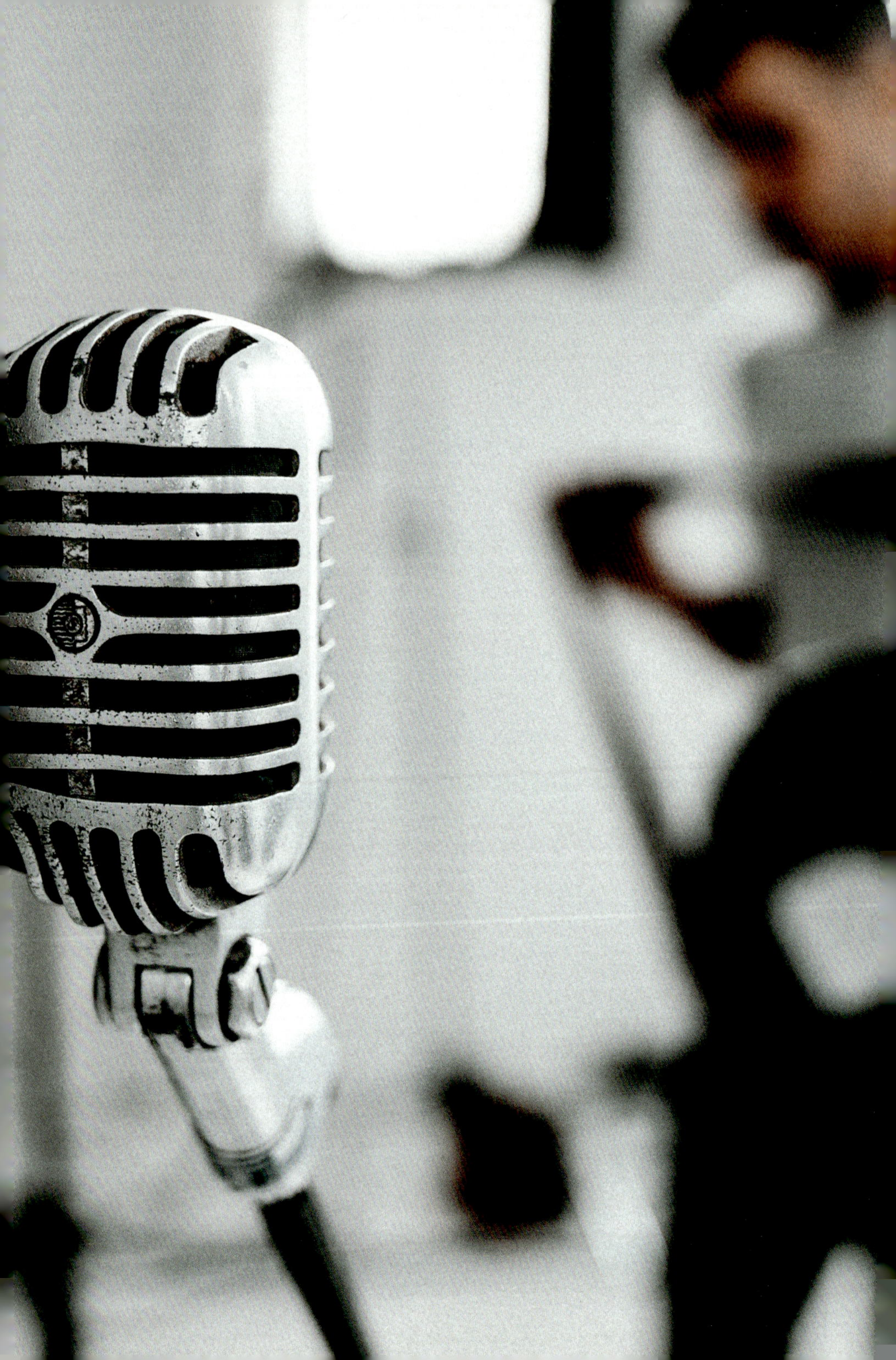

2 Schritt #2 – Demoproduktion

Wenn du ein Songwriter bist, der sich vor allem auf das Schreiben von Titeln für andere Künstler konzentriert, wird es keinen Weg vorbei an diesem Thema geben: Du wirst ein Demo produzieren müssen, um deinen Song bei den Künstlern zu bewerben. Obwohl du dich nicht immer um ein absolut herausragendes Arrangement kümmern musst, würde ich dennoch empfehlen, dass deine Demos immer ein sogenanntes „polished product“ sind. Das bedeutet, dass sie keine Zweifel an der Qualität zulassen sollten. Das heißt nicht, dass sie immer aufwendig produziert sein müssen, aber die Qualität muss immer passen. Bevor ich aber mehr ins Detail gehe in Richtung wann, was, wie und warum man gewisse Sachen bei der Demoproduktion machen sollte, muss dir zuerst das exakte Ziel deines Demos klar werden. Im Folgenden findest du meine persönliche Definition:

Ein Demo wird erstellt, um den Entscheidungsträger eines Musikprojekts emotional zu berühren.

Diese Definition des Ziels eines Demos stützt sich auf das Marketing von Emotionen. Ich werde den „emotionalen“ Teil dieser Definition im direkten Anschluss besprechen, während das “Marketing“ ein wichtiger Teil des Schrittes #3 – Marketing – sein wird.

2.1 Emotionale Qualität

Damit ein Demo als erfolgreich angesehen werden kann, muss es eine Verbindung zum Hörer herstellen, und zwar auf einer emotionalen Ebene. Emotion ist nämlich der einzige Grund, weshalb wir Menschen regelmäßig Musik hören. Mögliche Emotionen können z. B. sein: Wut, Traurigkeit, Hass, Liebe, Heimweh, Glück und so weiter und so fort. All diese Emotionen haben das Potenzial, jemanden zu bewegen. Die emotionale Qualität deiner Demos demonstriert auch eindrucksvoll und plakativ, wieviel Arbeitsaufwand du in ebendiese gesteckt hast.

Es gibt Demos, die es schaffen, den Entscheidungsträger eines Projekts mit bloß einem guten One-Take einer akustischen Gitarre und Stimme zu überzeugen. Manchmal kann sogar eine simple und schnelle Handyaufnahme dafür reichen. Wenn du das Gefühl hast, dass die Aufnahme emotional berührt, ist das Demo bereits fertig. Dann gäbe es nichts mehr, was du verbessern könntest, da das Ziel deines Demos bereits erreicht ist. Wenn diese Aufnahme allerdings nicht genug ist – ich gehe davon aus, dass das auch bei dir öfter der Fall sein wird –, dann musst du eben aufwändiger produzieren. Du kannst natürlich bei jedem deiner Songdemos in Richtung einer komplett fix-fertigen Studioaufnahme gehen, aber behalte deine Effizienz dabei im Auge. In Wirklichkeit ist es ein kleines mathematisches Spiel: Sehr oft hebt der investierte Arbeitsaufwand auch die Chance, dass das Demo erfolgreich ist. Die Ausnahme bestätigt allerdings die Regel. Es gilt, vorsichtig mit deiner Zeit umzugehen, damit du dich nicht in Produktionsdetails verlierst und an Momentum einbüßt.

Da ich sehr selten die Möglichkeit ergreife, mir Demos von anderen Songwritern anzuhören, habe ich mal einen Verlagschef gefragt, wie er denn die Qualität meiner Demos im Vergleich zu anderen einschätzen würde. Seine Antwort war: „Emi, die Qualität deiner Demos ist immer mindestens in den obersten zwei Prozent aller Demo-Einreichungen."

Das war für mich vor allem deshalb interessant, weil dieser Typ bereits mehrere meiner Songs veröffentlicht hat, die im Demo tatsächlich nur eine akustische Gitarre und meine Stimme beinhalteten. Aufgenommen am Handy! Natürlich habe ich bei anderen Demos das volle Programm durchgezogen und habe die Nummern quasi fertig produziert eingereicht, aber in manchen Fällen haben auch Demos mit sehr geringem Aufwand gereicht. Sie haben gereicht, um die Emotionen auszulösen, die ich auslösen wollte.

Ich weiß für mich, dass ich wohl nie aufhören werde zu denken, dass „Demo-Qualität" in Wirklichkeit „die Qualität, Emotionen zu generieren" bedeutet. Ich bleibe dabei und würde dir empfehlen, dieses Thema auch so zu sehen.

Emotion ist übrigens eine der wichtigsten fünf Ressourcen, die es als erfolgreicher Musiker zu managen gilt. Wie du erfolgreich damit umgehen kannst und wie du diese Ressource für dich nutzen kannst, ist ebenfalls in meinem Buch für Musiker **Erfolgreich, aber rasch!** nachlesbar. Emotion spielt aber auch in meinem Songwritingblog eine zentrale Rolle, den du auf www.emanueltreu.at/blog nachlesen kannst.

Das Pareto-Prinzip

Nachdem wir geklärt haben, was das Ziel eines Demos ist, bleibt nun die entscheidende Frage: **„Wie kann der Produzent bestmöglich dafür sorgen, dieses Ziel effizient zu erreichen?"**

Hierfür gibt es tatsächlich einen klaren Grundsatz, an den du dich halten solltest. Richard Koch schreibt in seinem Bestsellerbuch „Das 80/20-Prinzip" vom, im Jahr 1923 in Genf verstorbenen, Ökonomen Vilfredo Pareto, der zu Lebzeiten beeindruckende Studien, zum Beispiel über die Einkommensverteilung in Italien, veröffentlichte. Ohne zu weit auszuholen: Die Anwendung des Pareto-Prinzips kann dich in deiner Songwriting-Karriere sehr weit bringen.

Das Pareto-Prinzip bezieht sich darauf, dass es im Regelfall ein ungleiches Verhältnis zwischen Ursache und Wirkung gibt. Damit ist gemeint, dass ein kleiner Anteil der Ursache oftmals zu einem großen Anteil der Wirkung führt. Umgekehrt sind oft große Anteile der Ursache nur für geringe Wirkungsanteile verantwortlich. Um einige Beispiele in Bezug zum Songwriting zu veranschaulichen:

» Die wichtigsten Textstellen und Melodien sind oft schnell geschrieben, während es oft tagelang dauern kann, den restlichen Song fertigzustellen.

» Ein kleiner Teil deiner Songs erwirtschaftet den Großteil des Umsatzes, während der Großteil deiner Songs deutlich kleinere Beträge erwirtschaftet.

» Auf einem Musikalbum werden oft 20 Prozent der Lieder mit einer 80-prozentigen Wahrscheinlichkeit von den Fans gehört. Die restlichen Lieder werden nicht ansatzweise vergleichbar oft angespielt.

Das Pareto-Prinzip oder die 80/20-Regel treffen aber auch auf viele Gegebenheiten des täglichen Lebens abseits des Musikbusiness zu. Ich wette, dass du 20 Prozent der in deinem Handy gespeicherten Nummern deutlich öfters wählst, als die restlichen 80 Prozent deiner Kontakte. Vermutlich gibst du für wenige Tätigkeiten und Güter in deinem Leben sehr viel Geld aus und für sehr viele Tätigkeiten und Güter sehr wenig. Ich könnte noch unzählige Beispiele nennen, aber ich denke, du verstehst, worauf ich hinaus will. Was bringt dir dieses Wissen aber jetzt für deine Demos?

Das Pareto-Prinzip kann dir helfen, ein effizientes Demo zu produzieren! Da du das Ziel des Demos jetzt genau kennst, nämlich einen Entscheidungsträger emotional zu berühren, ist für dich nun lediglich wichtig, dafür zu sorgen, dieses Ziel ökonomisch intelligent zu erreichen. Das funktioniert, indem du bewusst versuchst, auf deiner Aufnahme vor allem die 20 Prozent der Signale festzuhalten, die zu 80 Prozent der Zielerreichung führen. Leider gibt es in der Musik kaum rationale Analysetools, die dir sagen können, welche 20 Prozent das genau sind, aber ich denke, du kannst hier auf dein Herz hören.

Bei einem bestimmten Song mag das vielleicht eine toll gespielte Geigenmelodie sein, die den gesamten Charme der Nummer in sich trägt, während es bei einem anderen Song wiederum genau auf das gewaltige Schlagzeug ankommt, damit der Funke überspringt. Oft ist es schlichtweg die berührende Stimme der Sängerin. Alles ist möglich. Gute Songs haben jedenfalls immer das gewisse Etwas, mit dem die Zuhörer resonieren. Und genau das gilt es in der Produktion des Demos herauszuarbeiten und in den Vordergrund zu rücken!

Bedenke: Wenn du es schaffst, mit 20 Prozent des Aufwands 80 Prozent des Ergebnisses zu erzielen, bist du unfassbar effizient im Umgang mit deinen Ressourcen. Um ein makelloses Ergebnis von 100 Prozent durch einen Aufwand von 100 Prozent zu erreichen, müsstest du den Aufwand der Demoproduktion sage und schreibe verfünffachen, bloß um ein um 20 Prozent verbessertes Ergebnis zu erhalten. Das wäre absolut ineffizient. Vor allem deshalb, weil ein Demo schlichtweg Geschmackssache ist. Daher lohnt es sich viel mehr, fünf Songs mit 20 Prozent des Aufwands aufzunehmen, als einen Song mit 100 Prozent. Das bedeutet übrigens nicht, dass du nicht auf deine Qualität achtest. Vergiss aber nicht: Deine Core-Kompetenz ist nicht das produzieren von Songs, sondern das Schreiben derer. Ein Demo dient lediglich dazu, das Geschriebene gut hörbar und emotional berührend festzuhalten. Nicht mehr und nicht weniger.

2.2 Wie produzierst du ein Demo?

Da dieses Buch ebenfalls kein „Wie man ein Demo produziert"-Buch ist, sondern eines, das sich mit den Finanzen von Songwritern beschäftigt, werde ich diese wichtige Frage auch aus der Perspektive eines Songwriters erläutern. Als echter Songwriter sollte die Frage „wie produziere ich ein Demo" eher umformuliert werden in „wer sollte mein Demo produzieren". Grundsätzlich hast du die Auswahl zwischen zwei Möglichkeiten. Beide sind sehr unterschiedlich und haben ein sehr eigenständiges Set an Vor- und Nachteilen, aber es ist wichtig, dass du dich für eine dieser Optionen längerfristig entscheidest. Also entweder:

2.2.1 Erste Option: Du produzierst dein Demo selbst

Wenn du selbst auch ein talentierter Produzent bist, ist das natürlich eine interessante Option. Offensichtlich ist ein gewaltiger Vorteil dabei die Kosteneffizienz. Du kannst deine Demos problemlos erstellen, ohne dafür Geld zu bezahlen. Ich würde sagen, dass du durch das eigenständige Produzieren auch als Musiker einiges dazulernst, was wiederum deinem Schritt #1 – Songwriting – sehr in die Hände spielt.

Nachteilig ist dagegen eher, dass das Produzieren deiner Titel sehr zeitaufwändig ist, wenn du es professionell angehen möchtest. Zeit, die du ebenso nutzen könntest, um deinen nächsten Hit zu schreiben. Es liegt an dir, welchen Weg du einschlagen möchtest, aber lass mich dich daran erinnern, dass die erfolgreichsten Menschen sich im Regelfall auf eine Sache konzentrieren und diese auf Biegen und Brechen durchziehen. Der Autor Gary W. Keller hat ein wundervolles Buch genau über diesen Fakt geschrieben. Es heißt: „The one thing – the surprisingly simple truth behind extraordinary results". Ich schlage vor, du liest es.

2.2.2 Zweite Option: Du lässt jemand anderen dein Demo produzieren

Aus der Perspektive eines reinen Songwriters ist das der effizienteste Weg, um voranzukommen. Wenn du konsequent nach Produzenten suchst, die bereit sind, mit dir zu kooperieren, wirst du auch welche finden. Denk immer daran, dass es sehr viele Dinge gibt, die du als Gegenleistung dafür anbieten kannst. Zuallererst kannst du die Produktion deiner Demos natürlich in Cash bezahlen. Du könntest auch Anteile des Urheberrechts anbieten, immerhin wäre es möglich, dass der Produzent sich ebenfalls kreativ an der Komposition oder am Text beteiligt. Der Produzent könnte sogar eine Bezahlung im Nachhinein akzeptieren. Also zum Beispiel, wenn du deine ersten Tantiemenzahlungen erhalten hast. Oder es ist nur die Unterstützung eines guten Freundes und bei nächster Gelegenheit hilfst du ihm, sein Zimmer auszumalen. Oder du spendierst ihm eine Pizza mit extra Chili. Alles geht. Es liegt bloß an dir, es möglich zu machen. Du solltest dir übrigens niemals Sorgen über deine Form der Gegenleistung machen. Hab bloß keine Angst, zu viel zu bezahlen oder auch zu viel als Tauschgeschäft anzubieten. Du brauchst die absolute Überzeugung, dass deine Songs dir ein Zigfaches von dem einspielen, was du investierst. Wenn du diese Überzeugung nicht hast, würde ich dir eher empfehlen, mit etwas anderem dein Geld zu verdienen. Übrigens, je erfolgreicher du wirst, desto wahrscheinlicher wird es auch, dass dir verschiedenste Leute ihre Unterstützung anbieten. Kein Problem für dich. Wenn du es richtig machst, wird dein Preis aber in der Zwischenzeit ein deutlich höherer geworden sein.

Und natürlich kannst du selbst zu einem Demo auch etwas aktiv beisteuern. Wenn du neben dem Songwriting auch ein talentierter Sänger oder Gitarrist bist und du singst oder spielst selbst etwas auf die Demoaufnahme drauf, dann kann dieser persönliche Zugang einen sehr positiven Einfluss auf das finanzielle Potenzial deines Songs haben.

Dadurch, dass du den Track geschrieben hast, hast du eine einmalige Connection zu dem Titel. Wenn dein musikalisches Zutun nun dazu beiträgt, deine Emotionen auf dem Demo hörbar zu machen, dann solltest du das immer versuchen. Obendrein gilt, dass jeder, der mit dir an deinen Demos arbeitet, mit Sicherheit dankbar für gut klingende Inputs sein wird. Das Endergebnis kann davon nur profitieren. Denke hier immer an Win-Win-Situationen.

Steuere bloß niemals etwas zu einem Demo bei, wenn es dir darum geht, dein Ego zufriedenzustellen. Bei den Demos deiner Songs geht es nicht um dich als Sänger oder Gitarrist. Es geht dabei um dich als Songwriter. Wenn du einen besseren Sänger finden und zahlen kannst, dann finde und zahle ihn. Wenn du einen besseren Gitarristen finden und zahlen kannst, dann finde und zahle ihn. Das Wort „besser" gilt hier allerdings nicht im rein technischen Sinne, sondern besser im Sinne des Ziels eines Demos. Schafft es der andere Musiker überzeugender die Emotion auf deinem Demo rüberzubringen? Nur dann ist der Musiker den Aufwand und sein Geld wert. Dann gibt es allerdings kaum einen Preis, den dieser Musiker nicht wert wäre, es sei denn, du glaubst nicht an den Erfolg deiner Songs. Das wäre natürlich fatal! Erinnere dich: Dein Ziel ist es, ein Demo zu liefern, das den Entscheidungsträger von Musikprojekten emotional berührt. Du solltest daher immer mit dem idealen Personal dafür zusammenarbeiten.

2.3 Bleib bei deiner Entscheidung

Obwohl ich es selbst eher bevorzuge, meine Demos von jemand anderem machen zu lassen, sind beide Optionen eine gute Wahl und erfüllen definitiv ihren Zweck. Wichtig ist, dass du deine Entscheidung triffst und dann dabei bleibst. Hüpfe nicht zwischen diesen beiden Arbeitsweisen hin und her, um es dann doch wieder anders zu machen. So würdest du dir jeglichen Vorteil aus beiden Szenarien zerstören.

Wenn du deine Demos selbst produzierst und das regelmäßig machst, wirst du immer schneller im Umgang mit den entsprechenden Programmen werden. Du wirst exakter und vermeidest von Mal zu Mal immer mehr Umwege, die dich früher viel Zeit gekostet haben. Vertrau mir, wenn ich dir sage, dass dir alle produktionstechnischen Details langsam aber sicher immer leichter fallen werden und du nicht nur deine Output-Menge, sondern auch die Qualität deiner Demos laufend verbessern wirst. Deine Erfahrung wird sehr wertvoll, weil dein Produzentenwissen wiederum in der Phase des Songwritings von sehr großem Wert sein kann, also häng dich rein!

Das gleiche gilt, wenn du standardmäßig mit jemand anderem, also einem Demoproduzenten, zusammenarbeitest. Über Monate oder sogar Jahre werdet ihr ganz genau den Workflow entwickeln, der euch beiden am besten liegt. Ihr werdet automatisch mit der Zeit immer mehr verstehen, was für Signale, Aufnahmen oder sogar Inspirationen der jeweils andere benötigt, um auf höchstem Niveau zielorientiert und professionell arbeiten zu können.

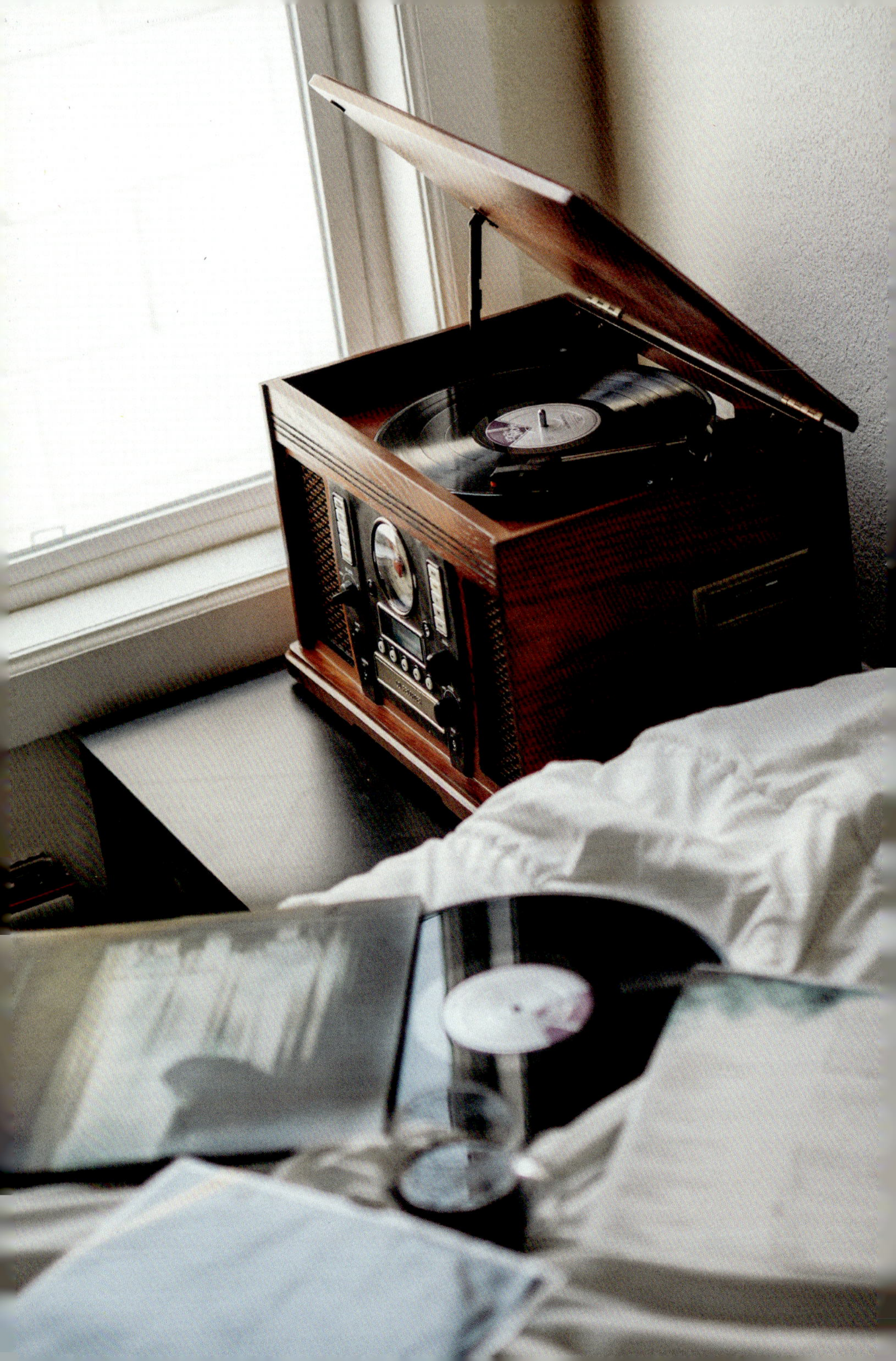

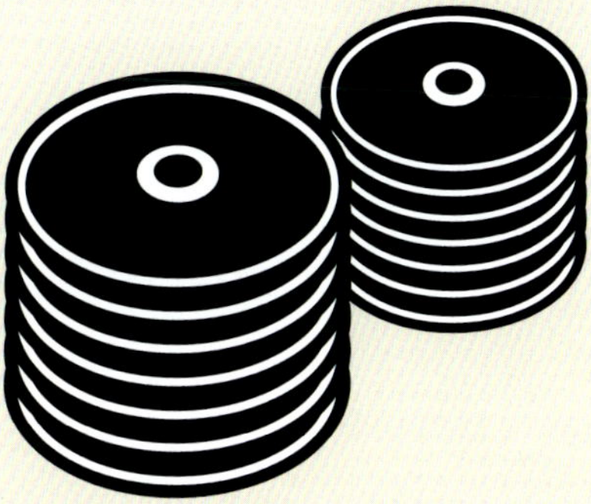

Lass uns zusammenfassen, was dein finanzielles Potenzial von Schritt #2 erhöht

1. Ein Demo ist nur so gut wie die Emotionen, die es zu wecken vermag.

2. Triff eine Entscheidung: Entweder du produzierst deine Demos oder jemand anderes tut das für dich.

3. Egal, wie du dich entscheidest, bleib dabei!

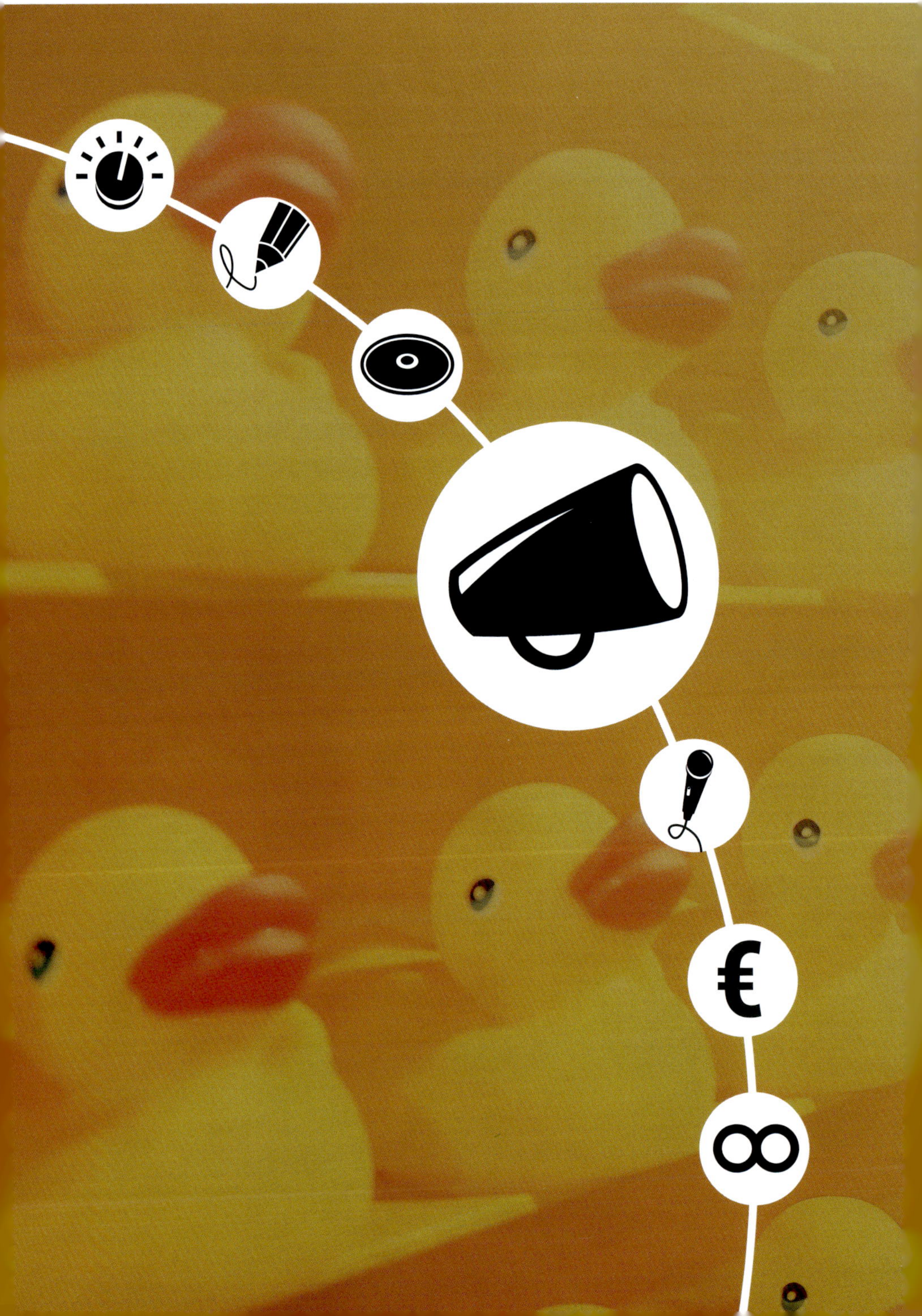

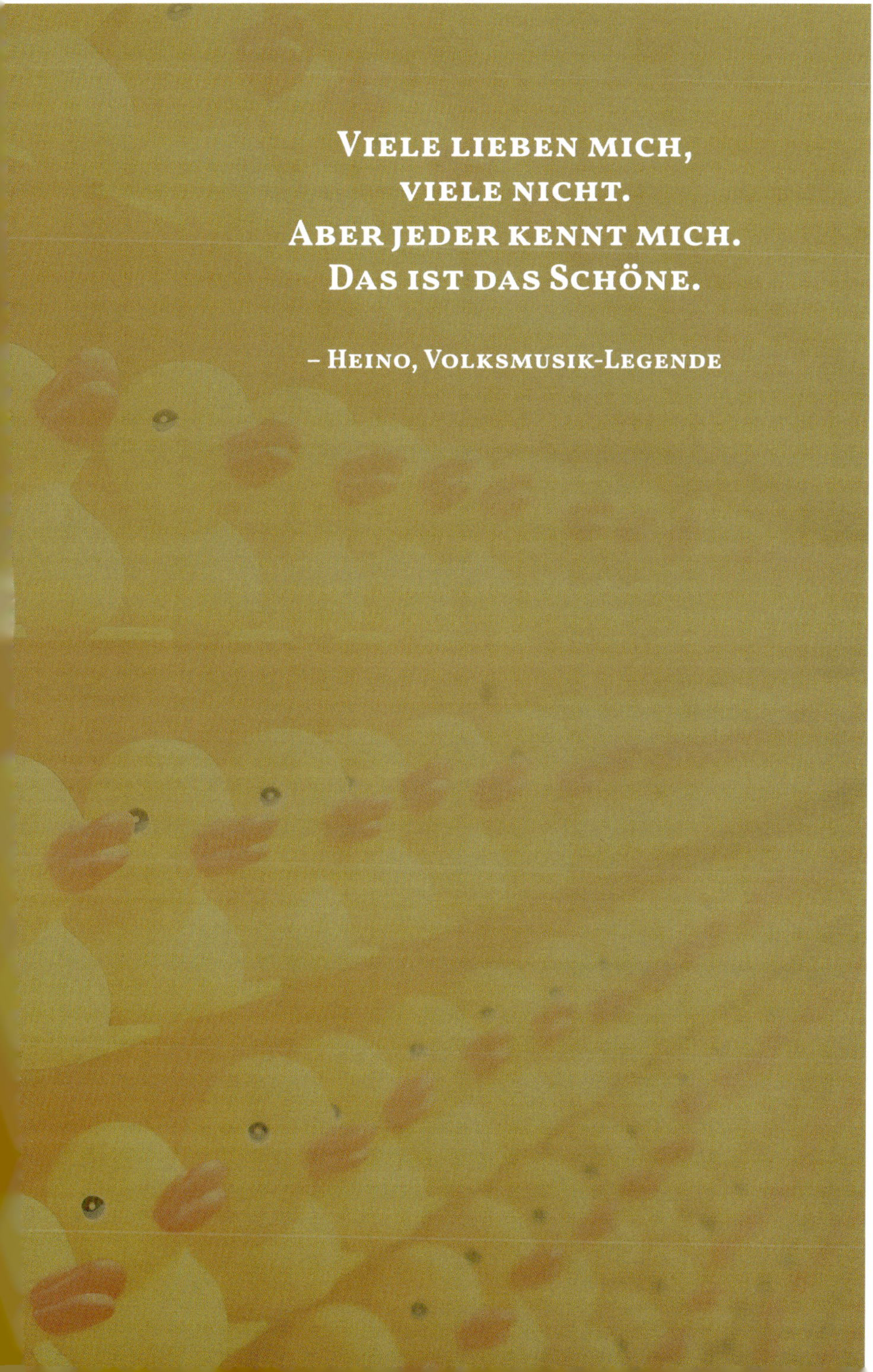

Viele lieben mich,
viele nicht.
Aber jeder kennt mich.
Das ist das Schöne.

– Heino, Volksmusik-Legende

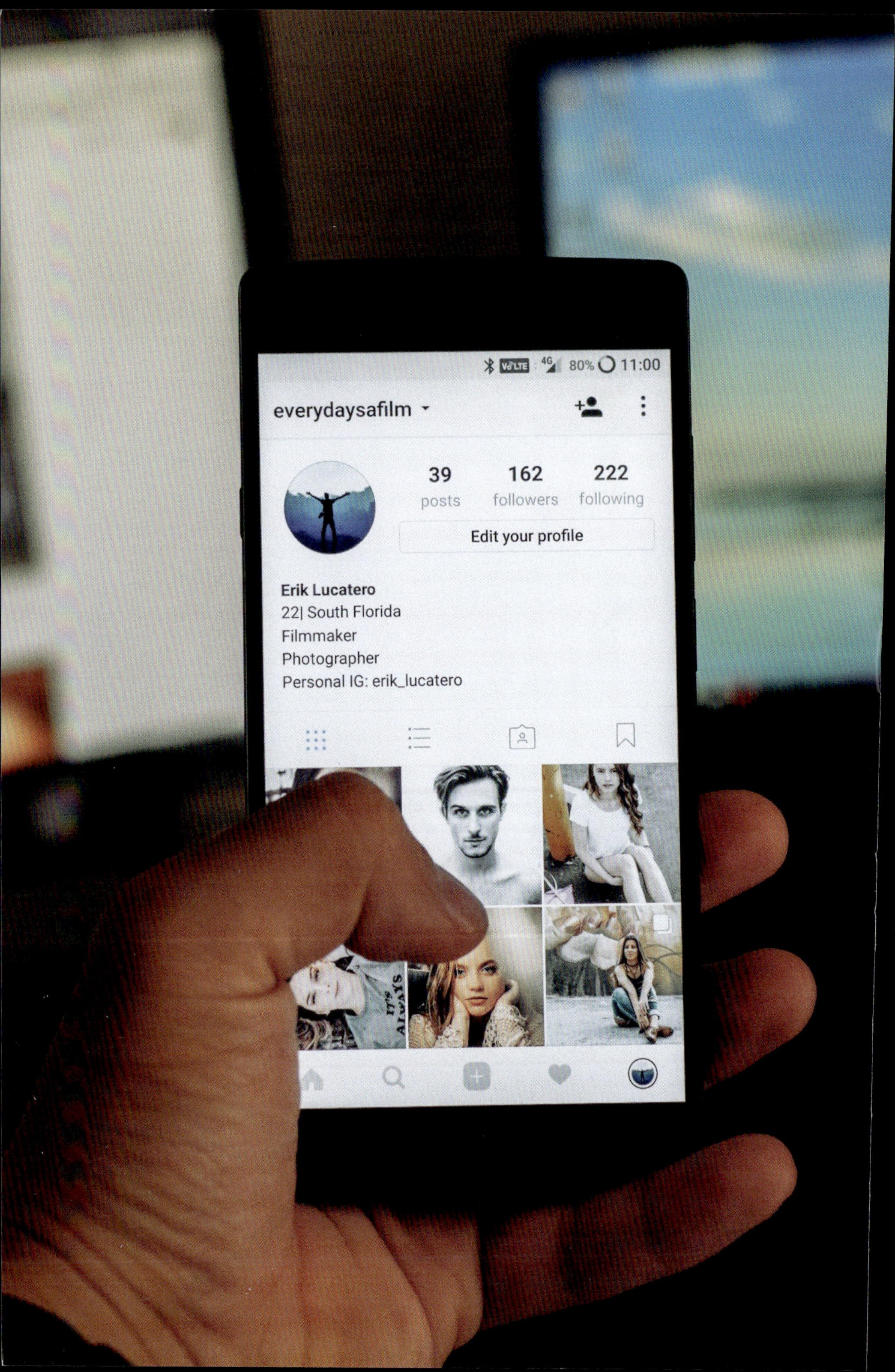

80% 11:00
everydaysafilm
39
posts
162
followers
222
following
Edit your profile
Erik Lucatero
22| South Florida
Filmmaker
Photographer
Personal IG: erik_lucatero

3

Schritt #3 - Marketing

Dieser Schritt unterscheidet sich ein wenig von den anderen sechs Schritten in diesem Buch, weil Marketing gleich zwei Fliegen mit einer Klappe schlägt: Nicht nur, dass Marketing dafür sorgt, dass Künstler deine Songs singen, es unterstützt auch dich selbst dabei, eine Marke als Songwriter aufzubauen. Wir können also unterscheiden zwischen „Song-Marketing" und „Songwriter-Marketing". Beide spielen eine sehr wichtige Rolle in deinem langfristigen Ziel, finanziell erfolgreich zu sein.

3.1 Song-Marketing

Lass uns noch einmal einen Blick zurück auf Schritt #2 werfen.

Dort habe ich geschrieben:
Ein Demo wird erstellt, um den Entscheidungsträger eines Musikprojekts emotional zu berühren.

Ich habe bereits erklärt, warum die emotionale Qualität deines Demos der entscheidende Faktor der Produktion sein sollte, aber ich habe noch nicht erwähnt, an wen dieses Demo denn nun genau gerichtet ist. Wen versuchst du wirklich zu erreichen? Und wer oder was zum Teufel ist ein Entscheidungsträger? Schauen wir einmal ...

3.1.1 Ein P2P-Business

Du musst zuallererst verstehen, dass das Songwriting-Business ein „P2P-Business" ist. In der Mehrheit aller Fälle wirst du dein Ziel dann erreichen, wenn du die eine Person erreichen kannst, die in gewisser Hinsicht verantwortlich für das Musikprojekt oder die Titelauswahl ist (aka der Entscheidungsträger). Diese Person kann von Projekt zu Projekt auch weitere Rollen einnehmen, kann zum Beispiel der Künstler selbst sein, des Künstlers Manager, ein Labelboss oder schlichtweg der Produzent. Ich hatte einmal mit einer Künstlerin zu tun, bei der deren Entscheidungsträger niemand geringerer war als ihre eigene Mutter! Sie war zugleich die Managerin der Künstlerin. In diesem Fall galten für mich die gleichen Spielregeln: Ich musste eben die Mutter der Künstlerin von meinem Song überzeugen. Du kannst dir wohl vorstellen, dass diese Dame sehr emotional an die Songauswahl für ihre Tochter rangegangen ist. Schließlich ging es um ihr eigenes Kind! Du weißt eben nie, was das Songwriting-Business für Herausforderungen für dich bereithält.

Wenn es dir erst einmal gelungen ist, Kontakt zum Entscheidungsträger aufzubauen, ist es wichtig, dass du dich auf diese Person fokussierst, da es sehr wahrscheinlich ist, dass diese Person ein weit engeres Verhältnis zum Künstler hat, als du es jemals haben wirst. Der Entscheidungsträger verfügt damit zum Beispiel über die Möglichkeit, dem Künstler deine Arbeit als das nächste Projekt nahezulegen. Es liegt an dir, diese eine Person zu finden: Mach Telefonanrufe, schreib E-Mails und sprich mit Menschen aus der Szene. Meistens wirst du in der Lage sein, diese Information zu finden, da es auch im Interesse der Künstler liegt, dass ihre Entscheidungsträger gut erreichbar und zugänglich sind. Was tust du aber, wenn du an die Information nicht rankommst? Dann versuchst du eben dein Glück dort, wo du glaubst, an der richtigen Stelle zu sein. Riskiere einen Schuss ins Blaue und versuche Kontakt aufzunehmen, auch wenn du dann bei der falschen Person landest. Du wirst mit der Zeit smarter werden. Du sammelst Erfahrungen im Prozess und das ist immer etwas, das dich unweigerlich besser machen wird.

Wenn du Kontakt zu einem Entscheidungsträger aufbauen konntest, empfehle ich, dass du dich reinkniest, um eine längerfristige Partnerschaft aufzubauen, anstatt von einer Person zur nächsten zu hoppeln. Wer zu viel von Person zu Person hin und her hoppelt, ist nämlich zu viel mit Hoppeln beschäftigt, als dass er große Sprünge machen könnte. Wenn du längerfristig mit einer Person zusammenarbeitest, wirst du außerdem immer besser verstehen, was diesem Entscheidungsträger gefällt und was nicht. Das ist aus meiner Sicht ein sehr wertvoller Vorteil gegenüber der Hoppelstrategie – wo man immer nach der aktuellen kurzfristigen Beziehung Ausschau hält und in Wirklichkeit nie weiß, was zu tun ist, um seine vielen Partner zu überzeugen.

Wenn du mehr Grundlegendes über das „P2P-Business“ sammeln willst, in dem es darum geht, lediglich einzelne Personen zu überzeugen, schlage ich vor, du machst deine Hausaufgaben und liest dich in die

Materie ein. Einzelne Personen mit seiner Begeisterung anzustecken ist definitiv eine eigene Wissenschaft für sich. Der Richtsatz lautet: „Kenne deinen Kunden". Sofern du das tust, kannst du nicht mehr viel falsch machen.

Aus meiner Erfahrung wird im Songwriting-Business immer noch viel zu viel aus der Luft gegriffen. Da werden Songs an Künstler und Verlage versendet, die nie und nimmer den Entscheidungsträgern gefallen können. Klar kann man das immer wieder probieren, aber vergiss nicht, dass jeder Apfel, der dem Kunden nicht schmeckt, auch ein schlechtes Licht auf den Bauern wirft, der diesen Apfel geerntet hat. Wenn du den Entscheidungsträger kennst, wird das zwangsläufig in mehr Songwriting-Deals münden. Mehr Songwriting-Deals bedeuten mehr Cashflow. Eigentlich relativ einfach, oder?

3.2 Songwriter-Marketing

Das hier ist nichts, das man ewig oft wiederholt wie etwa das Promoten von neuen Songs. Im Gegenteil. Es ist eher etwas, das man einmal anfängt, um nie wieder damit aufzuhören. Wir könnten uns auch einfach die folgende Frage stellen: Kannst du mir die Namen von zehn Songwritern nennen, die regelmäßig für andere Künstler schreiben? Auf meiner Erfahrung aufbauend würde ich sagen, die Antwort lautet: Nein, kannst du nicht! Nicht, weil wir nicht in der Lage sind, uns ein paar Namen zu merken, sondern weil viele Songwriter zu wenig Wert darauf legen, eine Marke um sich herum zu kreieren, um sich selbst damit effizienter zu vermarkten. Ich gebe zu, dass es irgendwie schon seltsam ist, sich selbst zu promoten, wo es doch eher darum geht, dass unsere Künstler berühmt werden.

Aber wer kümmert sich dann nun darum, dass die Songwriter sich einen Namen im Business machen können? Nun ja, kaum jemand. In meiner Karriere ist es mir vielleicht zwei- bis dreimal passiert, dass Künstler meinen Namen von der Bühne aus erwähnt haben. Das hat mich aber, wie du dir vorstellen kannst, nicht zum plötzlichen Songwriting-Superstar werden lassen.

Am Schopf packt man sich jedenfalls nur dann, wenn man sich wo rauszieht. Du kennst deine Stärken und Schwächen am besten und bist daher in der idealen Lage, der Musikwelt zu zeigen, wo bei dir der Hammer hängt und warum sich Plattenfirmen, Managements und Künstler am besten für dich als Songwriter entscheiden sollten. Geh das mit einem echten Business-Mindset an! Nicht vergessen: Wir sprechen von einem P2P-Business. Du brauchst nicht Tausende Follower auf Instagram und Facebook (obwohl das niemals schadet!). Für dich ist weit wichtiger, wer genau deine Follower sind, als wie viele du davon hast. Wer ist dein idealer „Kunde"? Jawohl! Die Antwort ist leicht: Entweder sind es die Entscheidungsträger von Musikprojekten,

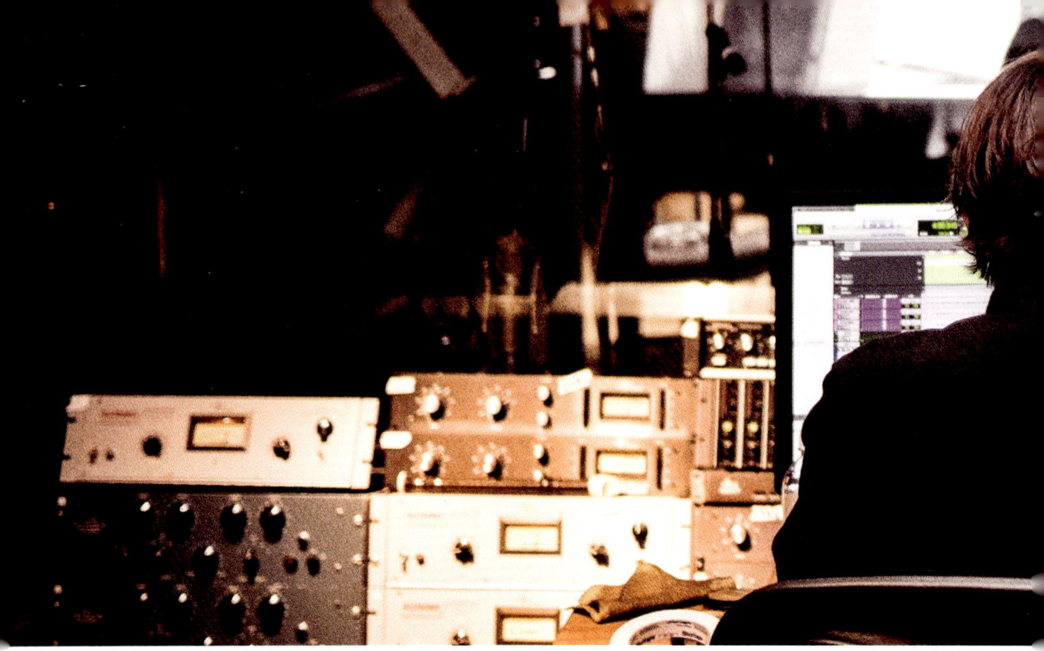

Menschen mit einem höheren Einflussradius als du selbst oder tolle Co-Writer. Mehr brauchst du nicht.

Vor ein paar Jahren hat ein guter Freund von mir und sehr talentierter Musiker beschlossen, Songwriter werden zu wollen. Bereits Wochen später habe ich alle möglichen Menschen um mich herum darüber sprechen gehört, dass dieser Freund ein Songwriter wäre. Alle meine Bekannten schienen sich plötzlich nur noch darüber zu unterhalten, für wen mein Freund nun Lieder schreibt und welche Songs er bereits veröffentlicht hat. Mich hat das komplett vom Hocker gehauen. Wie war es möglich, dass sich diese Nachricht so schnell verbreitet hat? Ich habe daraufhin beschlossen, den frisch gebackenen Songwriter zum Kaffee einzuladen und mit ihm über unterschiedlichste Dinge zu quatschen. Natürlich ließ ich es mir nicht nehmen zu fragen, wie sich seine neue Tätigkeit als Songwriter so schnell bei so vielen Menschen verbreiten konnte. Seine Antwort war unerwartet klar und einleuchtend: „Ich habe jedem, den ich kenne, erzählt, dass ich nun Songwriter bin."

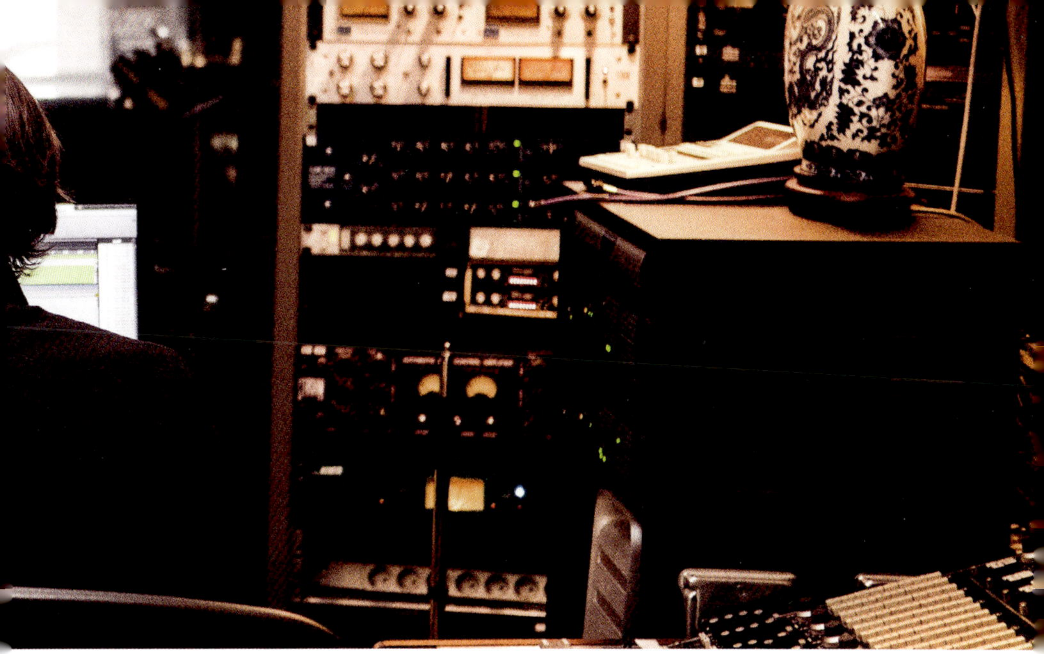

Offensichtlich ist das Bekennen bereits die halbe Miete - das Durchziehen die andere Hälfte . Wie im Buch „The Secret“ bereits sinngemäß beschrieben wird: Sobald du dich als Songwriter siehst, bist du einer.

Neben den intensiven Bemühungen, Kontakt zu den Entscheidungsträgern aufzunehmen, steht uns noch das gesamte digitale Social-Media-Universum für die Promotion unserer Songwriter-Marke zur Verfügung. Da die meisten Songwriter diese Tools aus meiner Sicht nicht ergebnisorientiert nutzen, ist es relativ einfach, sich in diesen Kanälen einen Vorteil gegenüber seiner Konkurrenz zu verschaffen. Würden Songwriter auf diesen Kanälen vergleichbaren Aufwand für die Promotion ihrer Kunst betreiben wie andere in ihre privaten Accounts, gäbe es viel mehr prominente Songwriter auf dieser Welt, davon bin ich überzeugt. Wie das funktioniert, brauche ich wohl nicht weiter zu erläutern. Ich bin mir sicher, dass du weißt, wie Social-Media funktioniert.

3.3 Das Songwriter-Marketing-Ergebnis

Du kannst mit Fug und Recht sagen, du hast es geschafft, wenn du dich in mindestens einer dieser beiden Situationen wiederfindest:

#1. Du bist gefragt.
Eine tolle Situation wird in dem Moment kreiert, indem ein Entscheidungsträger dich zur Unterstützung für ein Musikprojekt ersucht. Wenn das passiert, hat sich die Chance, dass dein Song das Rennen macht, vervielfacht, weil der Entscheidungsträger deine Arbeit bereits kennt und mag. Aus diesem Grund ist dieser Person bereits bewusst, warum genau dein Song zu favorisieren ist. Deine Songs gefallen ihm einfach und obendrein war es noch seine Idee, auf dich zuzukommen und dich vielleicht sogar zu empfehlen. Bessere Karten kannst du als Songwriter kaum haben.

#2. Du kannst dir deine Aufträge aussuchen.
Eine zweite vorteilhafte Position kannst du erreichen, wenn die Menge an Anfragen durch Künstler und Plattenfirmen so groß wird, dass du in der Lage bist zu entscheiden, welche Projekte du annehmen möchtest und welche nicht. Als ich als Songwriter anfing, nahm ich alles und jeden Job an, den ich bekommen konnte, auch wenn das hieß, dass ich für manche meiner Arbeiten nur Centbeträge verdient habe. Heute ist das anders. Heute glaube ich, es wäre komplett egal, wie viele Songs ich schreibe, da mir ohnehin bewusst ist, dass ich nicht alle meine Kundenanfragen bedienen könnte. Die gute Nachricht ist aber, dass ich nun auswählen darf, welche Projekte ich annehme und welche nicht. Ich bin nun in einer gewissen Machtposition. Ich bin sozusagen zum Entscheidungsträger geworden. Wenn du in der Lage bist, dir deine Projekte selbst auszusuchen, hast du auch einen erheblichen Einfluss auf deinen finanziellen Verdienst.

Halte dir aber auf jeden Fall vor Augen, dass diese Szenarien nur dann eintreffen werden, wenn sich deine Auftraggeber über deine Existenz und deine Arbeiten bewusst sind. Aus diesem Grund solltest du immer versuchen, deine Promotion-Tools zu deinem Vorteil zu nutzen und zwar vor allem dann, wenn sie auch noch kostengünstig oder sogar gratis sind.

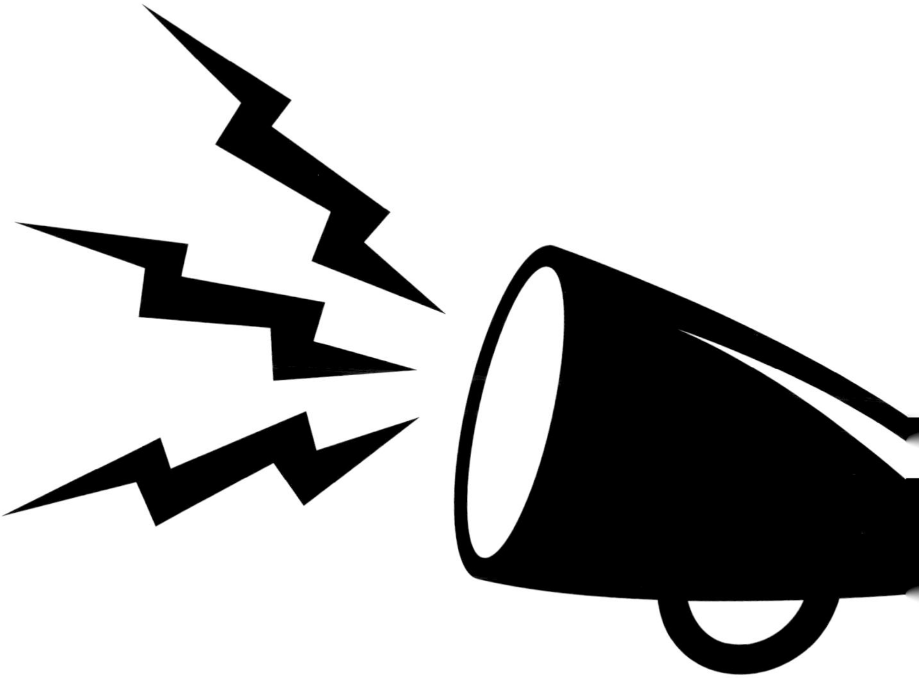

3.4 … und was machen Verlage eigentlich?

Ich habe das Thema der Verlage hier in Schritt #3 eingebaut, weil ich der Meinung bin: Das Beste, was ein Verlag für dich tun kann, ist das Marketing deiner Songs. Verlage versuchen nämlich, Songs und Künstler zusammenzubringen und verrechnen dafür im Regelfall sowas wie ein „Vermittlungs- und Servicehonorar" in Höhe von 40 Prozent deiner Tantiemen. HIMMELARSCHUNDZWIRN! 40 Prozent!? Findest du nicht, dass das extrem viel ist?

Ich finde, dass du die 40 Prozent dem gegenüberstellen musst, was du dafür bekommst. Wenn du der Meinung bist, dass dir die Kosten von 40 Prozent einen höheren relativen Gegenwert bringen, dann ist es ja ein guter Deal.

Aus meiner Sicht tausche ich 40 Prozent meiner Einnahmen gegen die Freiheit zu schreiben ein. Ich muss mich nicht darum kümmern, welcher Künstler vielleicht meine Nummer singen will und welcher nicht. Ich muss mich auch nicht darum kümmern, die endgültigen Produkte meiner Künstler zu promoten oder vielleicht sogar Studioaufnahme-Sessions zu koordinieren. Es gibt hunderte Dinge, die Verlage tun. Die Aufgaben von Verlagshäusern sind, so wie vieles im Musik-Business, nicht sehr klar abgesteckt. Manche machen eben mehr und manche weniger. Wieviel auch immer es ist: Wenn ich einen Verlag habe, muss ich es nicht tun. Wichtig ist für mich lediglich zu wissen, dass ein Verlag, der 40 Prozent verdienen kann, auch dafür arbeiten wird, dieses Geld tatsächlich zu bekommen. Wenn der Verlag dafür sorgt, dass er etwas verdient, sorgt er unweigerlich auch dafür, dass ich verdiene. Nicht schlecht, oder? Ach ja, und wie lange macht das der Verlag? Der Verlag macht das im Idealfall so lange, bis dein Urheberrecht an deinen Songs verjährt ist. Festhalten, das ist immerhin bis 70 Jahre nach dem Tod des letzten Urhebers eines Werkes. Auch nicht schlecht.

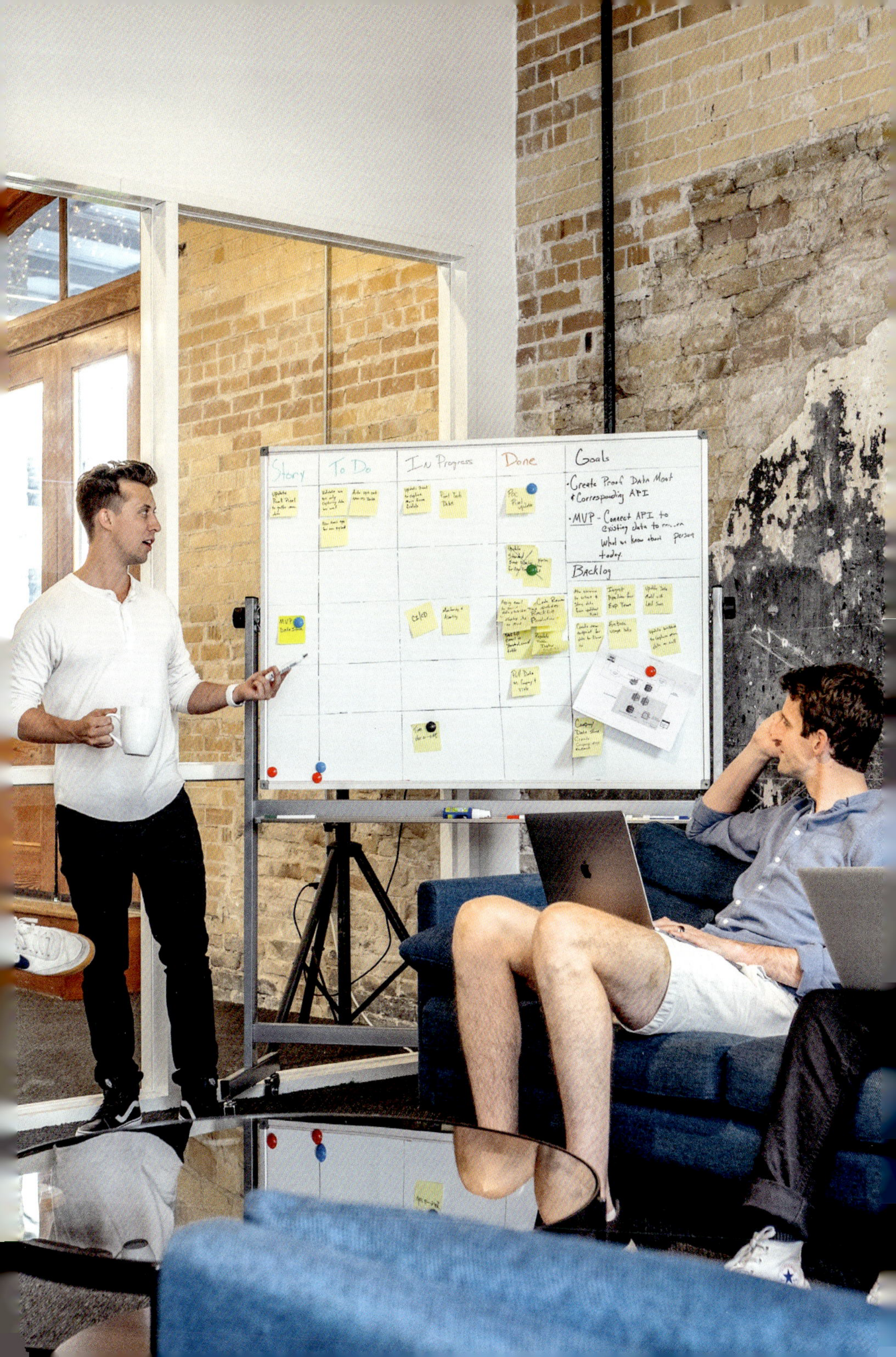
Story
To Do
In Progress
Done
Goals
Backlog

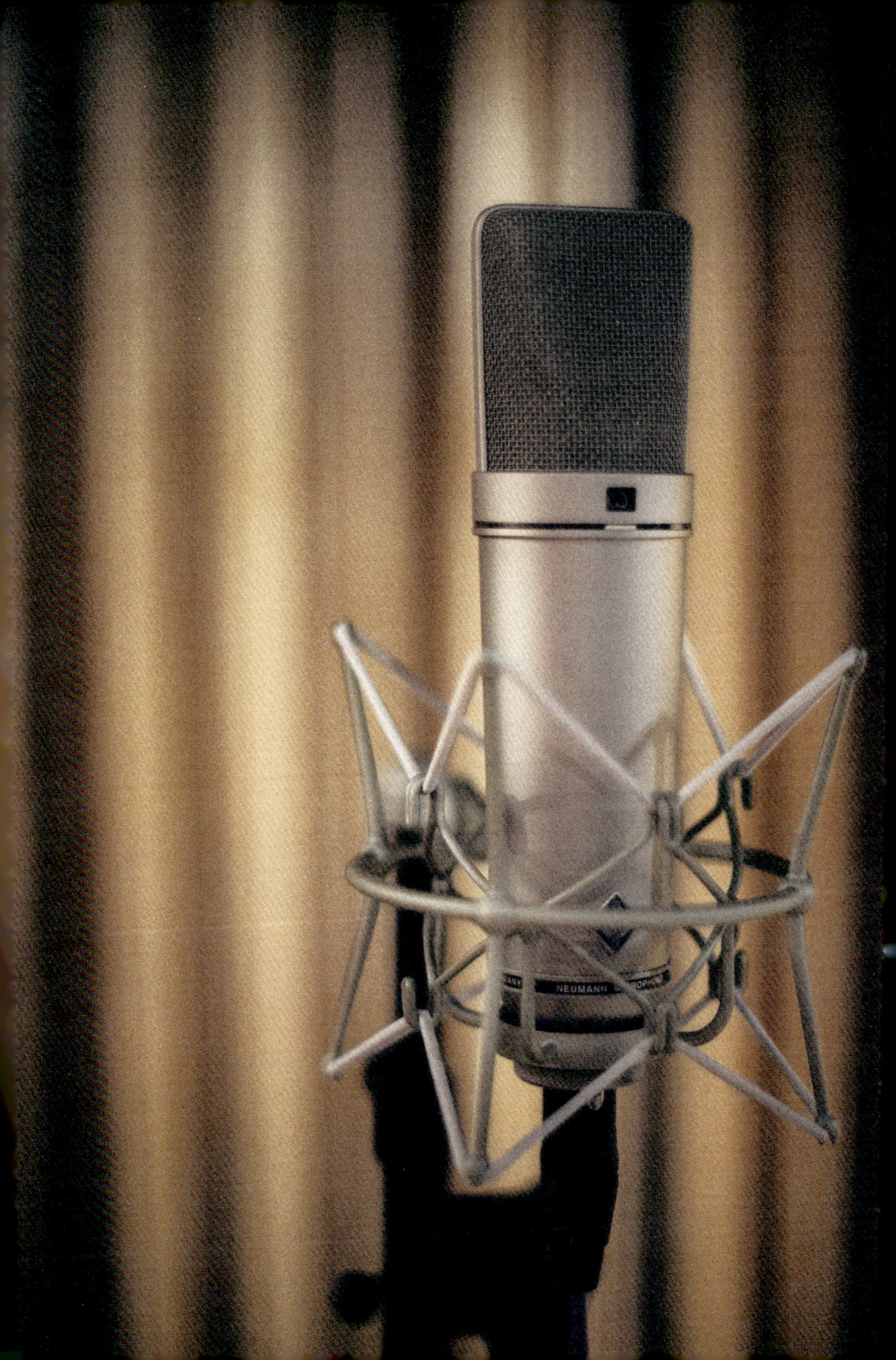
NEUMANN

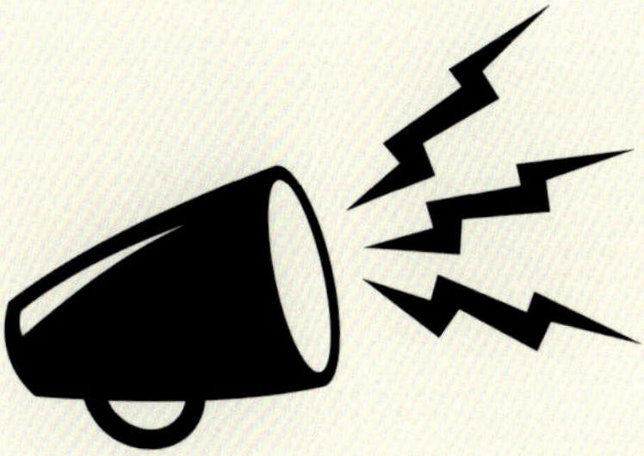

Lass uns zusammenfassen, was dein finanzielles Potenzial von Schritt #3 erhöht

1. Den Entscheidungsträger zu kennen, wird es dir einfacher machen, den Zuschlag zu bekommen.

2. Vergiss nicht auf das Marketing von dir selbst als Songwriter.

3. Wenn du die Möglichkeit bekommst, wähle deine Projekte sorgsam aus und versuche, einen guten Verlag zu finden.

NICHT WEIL ES SCHWER IST,
WAGEN WIR ES NICHT,
SONDERN WEIL WIR ES
NICHT WAGEN, IST ES SCHWER.

– SENECA, PHILOSOPH

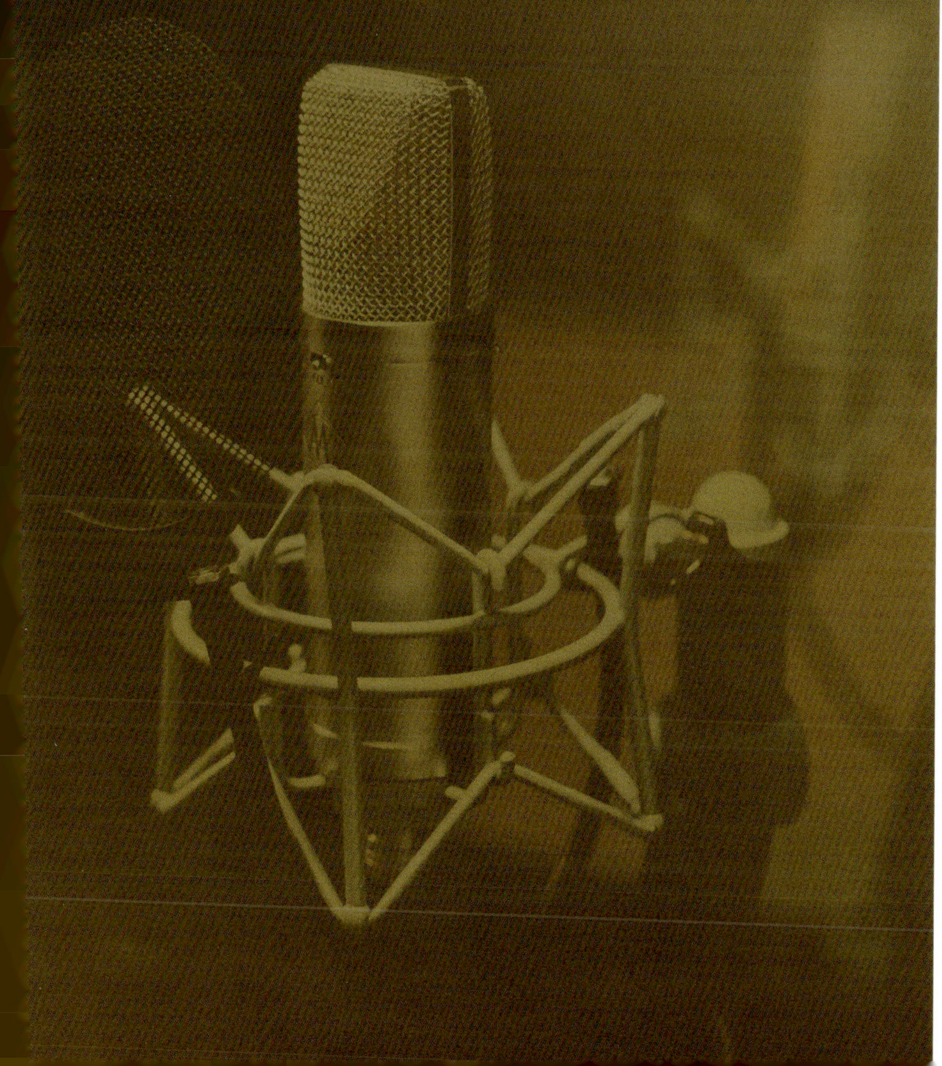

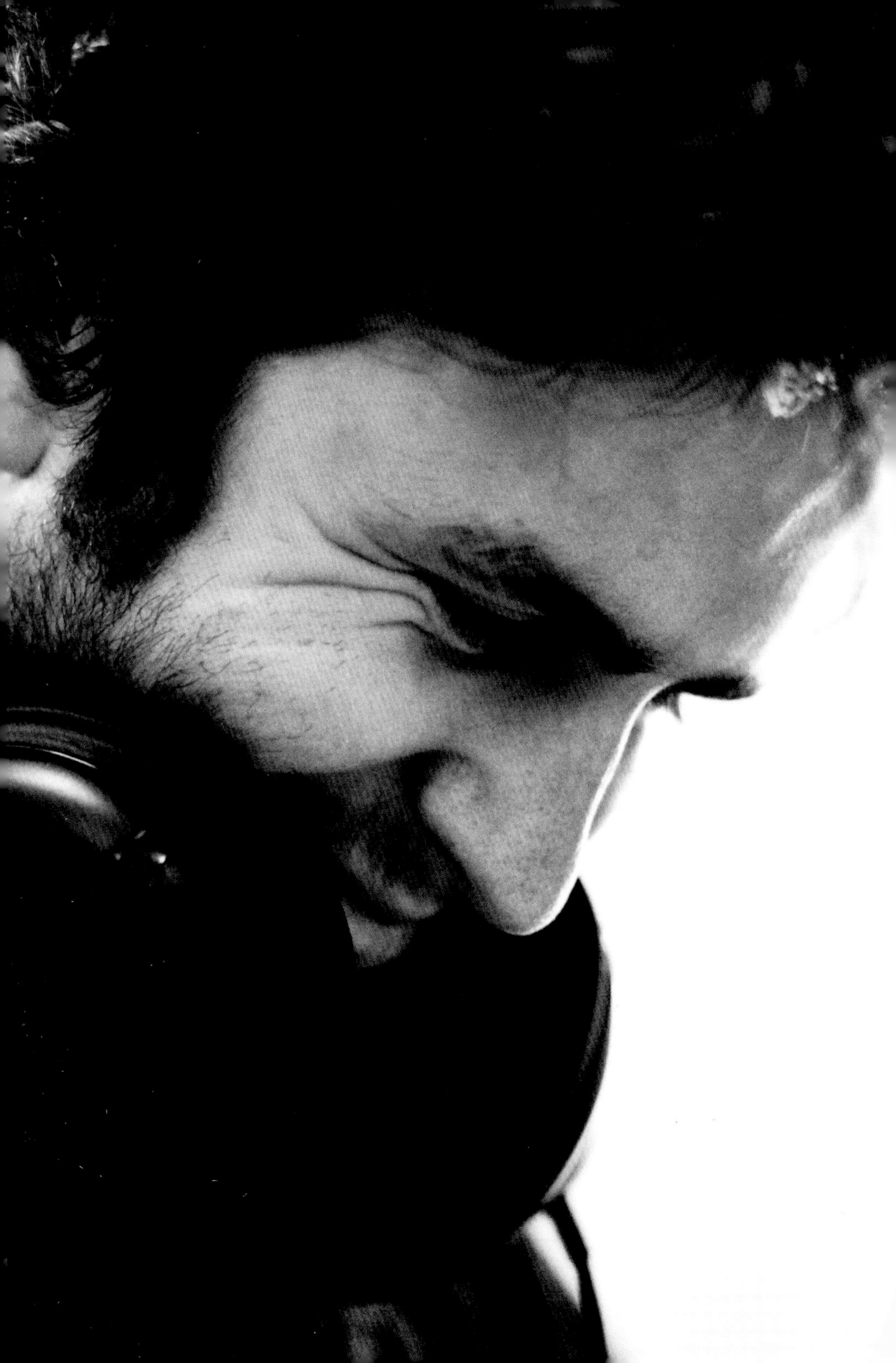

4 Schritt #4 – Aufnahme

Mit der Aufnahme meine ich das tatsächliche, endgültige, professionelle Recording deines Songs durch einen bestimmten Künstler und sein Team. Dieses Team kann aus Produzenten, Band, Manager und in wichtigen Projekten sogar Persönlichkeiten eines Verlages oder der Plattenfirma bestehen. Je berühmter ein Künstler ist, desto wahrscheinlicher ist es, dass auch seine Gefolgschaft an Unterstützern von relevanter Größe ist. Das sorgt wiederum dafür, dass es mehrere Beteiligte gibt, denen der Erfolg eines bestimmten Musikprojekts wichtig ist. Obwohl mehrere Köche oft den Brei verderben, kann das auch von großem Vorteil sein, und zwar dann, wenn es viele Mitarbeiter gibt, die gemeinsam an einem Strang ziehen. Genau das sorgt dafür, dass es berühmten Projekten leicht fällt, einen gewissen Erfolg zu halten, wenn alles sinnvoll und professionell gehandhabt wird. Ich möchte mich in diesem Kapitel aber nicht zu sehr in der Kunst des Recordings verlieren, sondern auch hier eher auf die finanzielle Wichtigkeit dieses Schrittes #4 für dich als Songwriter hinweisen.

Obwohl ich in diesem Kapitel ausschließlich von der Aufnahme deines Songs durch den tatsächlichen Künstler und sein Team spreche, solltest du nämlich nicht unterschätzen, welchen positiven Einfluss du auf deinen finanziellen Output auch in dieser Phase des Prozesses haben kannst. Bevor ich weiter erkläre, versuche dir das Folgende zu vergegenwärtigen:

4.1 Komposition vs. Aufnahme

Es gibt einen gewaltigen Unterschied zwischen der Komposition, von der dir als Urheber eben das urheberrechtliche Eigentum zusteht, und jeder einzelnen Aufnahme deiner Komposition. In den meisten Fällen wird dir das geistige Eigentum der Aufnahme nämlich nicht gehören, es sei denn, du nimmst deine Songs tatsächlich selbst endgültig auf. Im Regelfall aber wird anderen Menschen die Wertschöpfung der Aufnahme gehören. Das könnte ein unabhängiger Produzent eines Projektes sein oder auch eine Plattenfirma, sofern sie sich um die Aufnahme deines Songs kümmert. Das ist auch in Ordnung so. Du hattest vermutlich keine Arbeit mit dem Prozess, also warum sollte dir auch ein Teil davon gehören?

Wenn du also ausschließlich Songwriter bist, wirst du auch ausschließlich Urheberrechtsansprüche auf deine Komposition haben. Diese Komposition ist aber dann direkt verlinkt zu jeder einzelnen Aufnahme deines Songs. Obwohl dir also die Aufnahme nicht direkt gehört, gehört dir immer noch die Komposition, die auf jeder einzelnen Aufnahme davon zu hören ist. Klar soweit?

Jede „Cover-Version“, oder auch jede „Compilation-CD“, die deine Komposition verwendet, hebt damit das finanzielle Potenzial deines Werkes und du solltest tatsächlich für jeden Einsatz bezahlt werden. Das bedeutet auch, dass dein Einkommen massiv zunimmt, wenn du es schaffst, dass dein Song auf mehreren Aufnahmen und Abspielformaten landet. Es wäre zum Beispiel nichts falsch daran, einen Künstler zu fragen, ob er bereits veröffentlichte Songs von dir für sein neues Album covern möchte. Vor allem regional kann das einen tollen Effekt auf den Zusammenhalt innerhalb der Musikszene haben, wenn etwa Künstler X den Song von Künstler Y covert und umgekehrt. Das sorgt jedenfalls für coole Schwingungen zwischen den Bands ... und auf deinem Kontostand!

4.2 Dein musikalischer Beitrag

Der folgende Hinweis beeinflusst zwar nicht direkt die finanziellen Einkünfte durch dein Songwriting, aber er ist dennoch eine Möglichkeit für Mehreinnahmen, die mit deinen Songs zumindest sehr eng verbunden ist. Ich habe bereits erwähnt, dass dir nur Ansprüche auf eine finanzielle Abgeltung durch dein Urheberrecht zustehen, sofern du innerhalb eines Projektes Songwriter bist.

Lass uns für die folgende Überlegung davon ausgehen, dass du vielleicht auch ein talentierter Sänger oder Gitarrist bist. Eigentlich ist das ein relativ realistisches Szenario, da sich deine Musikalität vermutlich nicht exklusiv in deiner Fähigkeit, Songs zu schreiben, niederschlagen wird. Solltest du die Möglichkeit bekommen, Teil des Produktionsteams eines Künstlers zu werden, steht dir nun auch offen, auf der finalen Aufnahme selbst einen Teil beizusteuern. Du könntest zum Beispiel Gitarren einspielen, Background-Chöre singen oder dergleichen. Wenn diese Aufnahmen nun im endgültigen Recording des Künstlers landen, wird dein Verdienstpotenzial automatisch steigen, da du von diesem Augenblick an nicht nur Ansprüche durch dein Urheberrecht an der Komposition geltend machen kannst, sondern dir auch noch Geld zusteht, jedes Mal, wenn diese spezifische Aufnahme öffentlich zu hören ist. Schließlich ist der Beitrag, den du im Studio eingespielt hast, jedes Mal zu hören, wenn die Nummer etwa im Radio läuft. Du verdienst damit nicht nur Tantiemen durch deine Komposition, sondern auch Tantiemen durch deinen musikalischen Beitrag an den Aufnahmen, bei denen du im Studio selbst aktiv warst. In dem Moment, wo dir das gelingt, wirst du deine Einkommensströme bereits verdoppeln! Das kann sich wahrlich auszahlen.

Abgesehen von der Kohle gibt es aber einen weiteren wichtigen Effekt in dem Fall, dass du deine Musikalität im Studio aktiv einsetzt. Der ist allerdings viel banaler, als du vielleicht erwarten würdest: Wenn

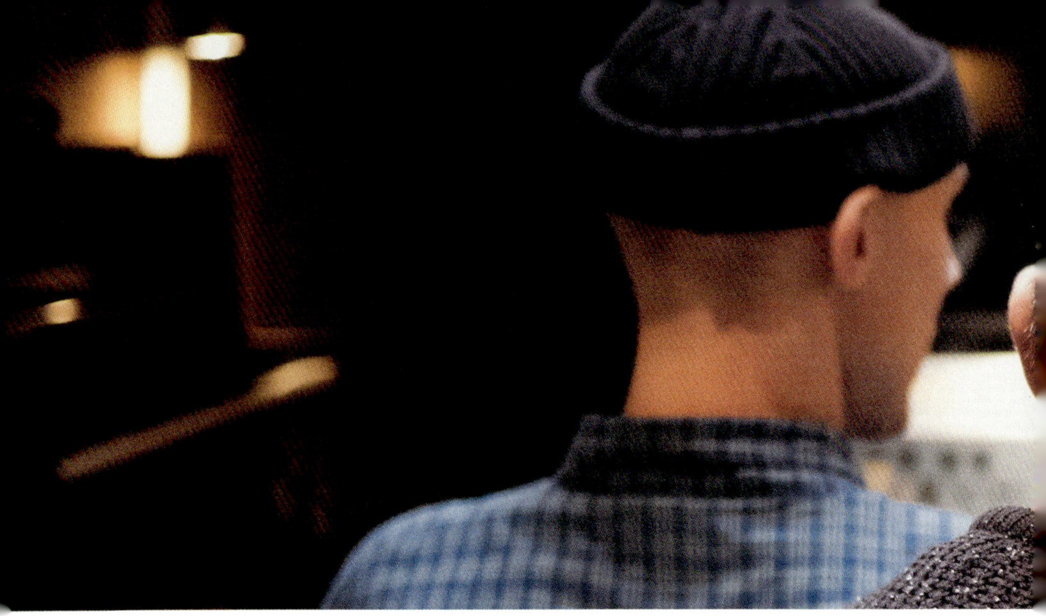

du mit von der Partie bist, wird sich das Aufnahmeteam des Künstlers deutlich leichter an dich erinnern, und zwar jedes Mal, wenn sie die fertige Aufnahme hören. Es ist nicht ganz ungeschickt, als „der Songwriter mit den super musikalischen Fähigkeiten" bekannt zu sein.

Ich persönlich mag es, im Studio einzusingen oder Gitarren einzuspielen. Es bringt Abwechslung ins Spiel und ich halte mir erneut vor Augen, wieviel Energie im Anschluss noch in meine Songs fließt, wenn sie erst einmal komponiert sind. Im Studio lerne ich außerdem jedes Mal etwas dazu, was wiederum meinem Songwriting in Schritt #1 direkt in die Hände spielt.

Das Folgende klingt vielleicht merkwürdig, ist aber definitiv der Fall: Die wenigsten komponierenden Künstler sind Songschreiber und Musiker auf gleichem Niveau. Bei den meisten ist eine dieser beiden musikalischen Fähigkeiten deutlich stärker ausgeprägt. Ich würde sagen, dass höchstens bei einem Prozent der Musiker diese beiden Felder vergleichbar stark ausgeprägt sind. Manche schreiben eigene Songs für ihre Band, aber die wenigsten betreiben Songwriting auf einem

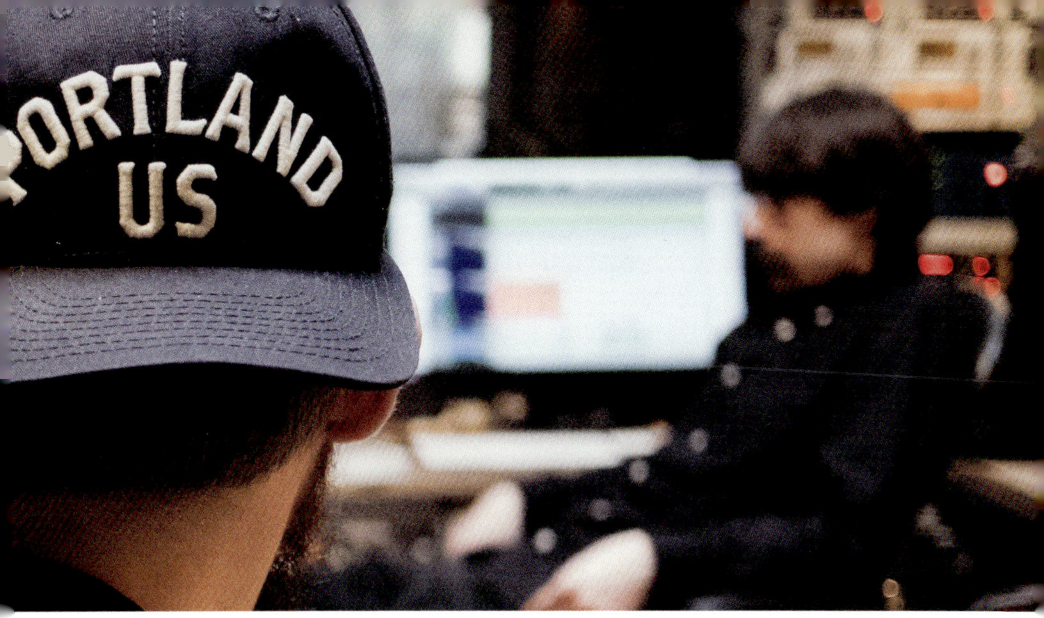

Level, das es realistisch macht, auch andere Künstler damit beliefern zu können. Songwriter und Musiker haben sozusagen unterschiedliche Interessen. Während der professionelle Musiker glücklich ist, wenn er selbst Musik macht, ist der professionelle Songwriter eher glücklich, wenn er seinen Song hört – egal von wem. Diejenigen Künstler, die allerdings beide Fähigkeiten in einer Person vereinen, sind für jegliches Musikprojekt in vielerlei Hinsicht sehr wertvoll. Vor allem für das Recordingteam eines Künstlers.

Ich spreche oft mit Produzenten über verschiedenste Themen während einer Aufnahmesession: Da geht es um Akkordfolgen, Hits aus der Vergangenheit oder den Erfolgsgrund für die jüngste Single eines Künstlers. Natürlich geht es auch oft ums Songwriting (was ich in einigen Fällen offensichtlich besser hinbekomme als große Teile meiner Konkurrenz) und das bringt viele Vorteile für die Aufnahmesessions. Nun wirkt das vielleicht so, als ob das deinen Finanzen nicht direkt etwas bringt, aber das ist falsch. Wer Wert schafft, erhält auch Wert. Das ist nur der natürliche Lauf der Dinge.

4.3 Wenn du was erreichen willst, sei erreichbar

Die Aufnahme eines Songs ist für jeden Künstler eine sehr heikle Karrierephase. Produzenten, Manager, die Plattenfirmen und die Künstler selbst zerbrechen sich oft monatelang den Kopf darüber, ob die musikalischen Entscheidungen während des Recordings die richtigen sind. Passt die Stilistik? Ist das Intro zu lange? Setzt sich die Stimme auf der Aufnahme gut durch? Gibt es vielleicht sogar einzelne Textstellen, die noch verändert werden sollten? Alles berechtigte Fragen.

Wenn du bedenkst, dass das Album eines Künstlers oft dazu verwendet wird, eine musikalische Grundlage für die kommende Tournee oder gar die kommenden Karrierejahre zu schaffen, ist es nur verständlich, warum in dieser Phase derart ins Detail gegangen wird. Viele Songs erleben deshalb während der Aufnahmephase eine regelrechte Metamorphose, bei der dann die dreizehnte Version komplett anders klingt als die erste Version desselben Titels. Das ist auch alles gut und schön so, aber die Sache hat für die Beteiligten oft einen ziemlich unangenehmen Haken: Studiozeit kostet Geld! Viel Geld.

Und weil das so ist und niemand gerne Geld ausgibt, habe ich gemerkt, wie wichtig es ist, in dieser entscheidenden Phase als Songwriter gut erreichbar zu sein. Gut erreichbar, um dem Produktionsteam rasch mit entscheidenden Auskünften zur Seite zu stehen.

Abgesehen von E-Mails, die ich seitens des Managements während der Aufnahmephase recht häufig bekomme, klingelt auch mein Telefon in dieser Zeit öfters als sonst. Hin und wieder ist es eben erforderlich, dass das Team des Künstlers dem Songwriter wichtige Fragen stellt oder zumindest dessen Meinung zu einem bestimmten, den Titel betreffenden, Punkt wissen möchte:

- „Sag, könntest du mir bitte noch die Midi-Programmierungen aus dem Demo zusenden?“

- „Die Sängerin kann sich mit der zweiten Strophe nicht ganz identifizieren, aber die Nummer gefällt uns sehr. Könntest du da vielleicht nochmal textlich drüber gehen?“

- „Wäre es für dich denkbar, dass wir die Melodie geringfügig verändern? Das geht sich für die Künstlerin vom Stimmumfang her nicht ganz aus. Natürlich kannst du uns auch einen neuen eigenen Entwurf senden. Wie ist es dir denn lieber?“

So oder so ähnlich können diese Anfragen dann lauten. Manchmal betreffen sie lediglich produktionstechnische Details oder persönliche Präferenzen. Hin und wieder geht es aber auch um urheberrechtliche Fragen (wie melodische oder textliche Veränderungen), die dann tatsächlich nur vom Urheber selbst beantwortet werden können.

In jedem Fall gilt: Sei erreichbar! Hebe zum Beispiel dein Handy ab, wenn du eine unbekannte Nummer siehst und sieh zu, dass du regelmäßig deine Sprachbox und deine Mail-Inbox kontrollierst. Nichts auf der Welt ist für einen motivierten Künstler frustrierender, als in seiner Karriere von schlecht erreichbaren Menschen ausgebremst zu werden.

Um es noch drastischer zu formulieren: Wenn du öfters mal schlecht erreichbar bist, kann das schnell bedeuten, dass ein Künstler dich in Zukunft als Songwriter fallen lassen wird wie eine heiße Kartoffel. Das ist allerdings nicht bösartig gemeint. Am Ende des Tages ist das Einkommen des Künstlers ja davon abhängig, wie das Team rundherum agiert und wie verantwortungsbewusst es mit den Geld- und Zeitressourcen desselben umgeht. Wenn du im entscheidenden Moment also nicht erreichbar bist, wird das dem Musiker und dessen Gefolgschaft wohl kaum schmecken.

Im Umkehrschluss bedeutet das, dass du deinen Künstlern durch gute Erreichbarkeit mit Leichtigkeit signalisieren kannst: „Hey, du bist mir wichtig". Und genau so sollte das auch sein, immerhin ist nicht nur der Künstler von deinem Songwriting abhängig, sondern auch dein Songwriting vom Künstler.

Das bedeutet übrigens nicht, dass du dein Handy 24/7 bei dir haben musst oder dein Mail-Programm auf deinem Computer laufend offen sein muss. Nimm dir ruhigen Gewissens genau die Zeit, die du für dich und dein privates Wohlbefinden benötigst. Das ist unverzichtbar, wenn du ein erfülltes Leben als Musiker und Songwriter leben möchtest. Achte nur darauf, dass du regelmäßig deine Inbox und die Anrufe in Abwesenheit checkst, damit du zuverlässig Kontakt aufnehmen kannst, wenn die andere Seite deine Unterstützung benötigt.

Ich bin beispielsweise schon lange in der Branche dafür bekannt, dass ich grundsätzlich nicht das Telefon abhebe. Das liegt daran, dass mein Handy immer im Lautlos-Modus ist. Mir hilft das, selbst zu entscheiden, wie ich meine Zeit einteile, und ich bleibe dadurch beim Arbeiten an meinen Projekten relativ ungestört. Du würdest nicht erahnen, wieviel leichter es ist, sich unter derartig verbesserten Bedingungen auf eine wichtige Sache zu fokussieren. Das bedeutet aber natürlich auch, dass ich verlässlich zurückrufen oder zurückschreiben sollte. Das tue ich auch. Menschen, die mich gut kennen, wissen also, dass sie mich nicht anrufen, damit ich abhebe, sondern damit ich sie kontaktiere.

Es gibt keine Patentlösungen, die für alle gelten. Sein Vorhaben durchzuziehen und seinen eigenen Weg im Business, auch im Sinne der Erreichbarkeit zu gehen, bedeutet eben nicht automatisch, dass du immer gleich springen musst, nur weil jemand anderes das gerne so hätte.

In der heutzutage extrem vernetzten Welt versuche ich stattdessen dafür zu sorgen, dass mir meine Partner mit möglichst geringem Aufwand eine Nachricht hinterlassen können. Das können sie per Mail, per Whatsapp, per Facebook, per Twitter, per Instagram, per Sprachnachricht, per SMS, über die Homepage und so weiter. Da ist wohl für jeden etwas dabei.

In der Verkaufslehre wird häufig davon gesprochen, dass man es einem potentiellen Kunden so leicht wie möglich machen sollte, ein bestimmtes Produkt zu kaufen. Es sollten zum Beispiel nur wenige Clicks auf einer Website erforderlich sein, es sollte mehrere Zahlungsmodalitäten im Geschäft geben etc. Auf dich als Songwriter übertragen, bedeutet das: Mache es deinen musikalischen Partnern so leicht wie möglich, dich zu erreichen. Deine Songs sind deine Produkte und die wirst du immer nur dann verkaufen können, wenn du es deinen Partnern leicht machst, mit dir in Kontakt zu treten. Genau das ist auch der Grund, warum ich über derart viele Wege erreichbar bin. Wenn dir das gelingt, hast du bereits einiges an Infrastruktur geschaffen, aber für mich persönlich ist auch das noch nicht der Weisheit letzter Schluss. Die allerbeste Herangehensweise an das Thema Erreichbarkeit ist aus meiner Sicht nämlich, wie so oft, eine naja... sagen wir mal noch „aktivere“:

Versuche nicht reaktiv zu handeln, sondern proaktiv!

Anstatt darauf zu warten, wann und ob du überhaupt während der Aufnahmephase deines Songs durch den Künstler kontaktiert wirst, wäre es besser, DU machst den ersten Schritt. Einfach mal initiativ Kontakt aufzunehmen und herauszufinden, ob der Ablauf des Liedes klar ist, wie die Umsetzung der Produktion geplant ist, ob es noch irgendwelche offenen Fragen gibt oder ob du als Songwriter vielleicht sogar vor Ort unterstützen kannst, hat noch keinem Geschäftsmann jemals geschadet.

Zu zeigen, dass dir der Erfolg der Produktion deines Songs wichtig ist, ist nichts anderes als eine zusätzliche Serviceleistung deinerseits. Zumindest eine psychologische, weil sich das Team des Künstlers damit jedenfalls unterstützt fühlt, selbst wenn tatsächlich nichts Weiteres von dir benötigt wird.

Du kannst zum einen durch dein proaktives Handeln also dabei helfen, dem Künstler Kosten im Studio zu ersparen und zum anderen kannst du ihm noch das Gefühl vermitteln, dass er deinen vollen Support hat. Damit aber noch nicht genug: Obendrein ist der wichtigste Bonus, dass du durch dein Handeln die Möglichkeit bekommst, die Qualität des Endprodukts noch während des Aufnahmeprozesses zu beeinflussen. Vielleicht ist deine Meinung gefragt, nachdem der Künstler den ersten Take eingesungen hat. Dann trittst du auf den Plan und gibst einen Input, der die Produktion nachhaltig verbessern kann. Selbstverständlich würde das das finanzielle Potential deines Songs sehr direkt erhöhen und genau darum geht es ja letztendlich – zumindest in diesem Buch.

Gib dem aufnehmenden Team jedenfalls das Gefühl, dass du als Songwriter für sie da bist. Vergiss nicht: Ein Gefühl ist oft mehr wert als alles andere. Vor allem in einem Business, in dem sich alles um das Erzeugen von Emotionen dreht. Wenn du es also schaffst, Werte zu generieren, die andere nicht generieren können, wird dein eigener Wert als Songwriter zwangsläufig auch steigen.

Eigentlich glasklar.

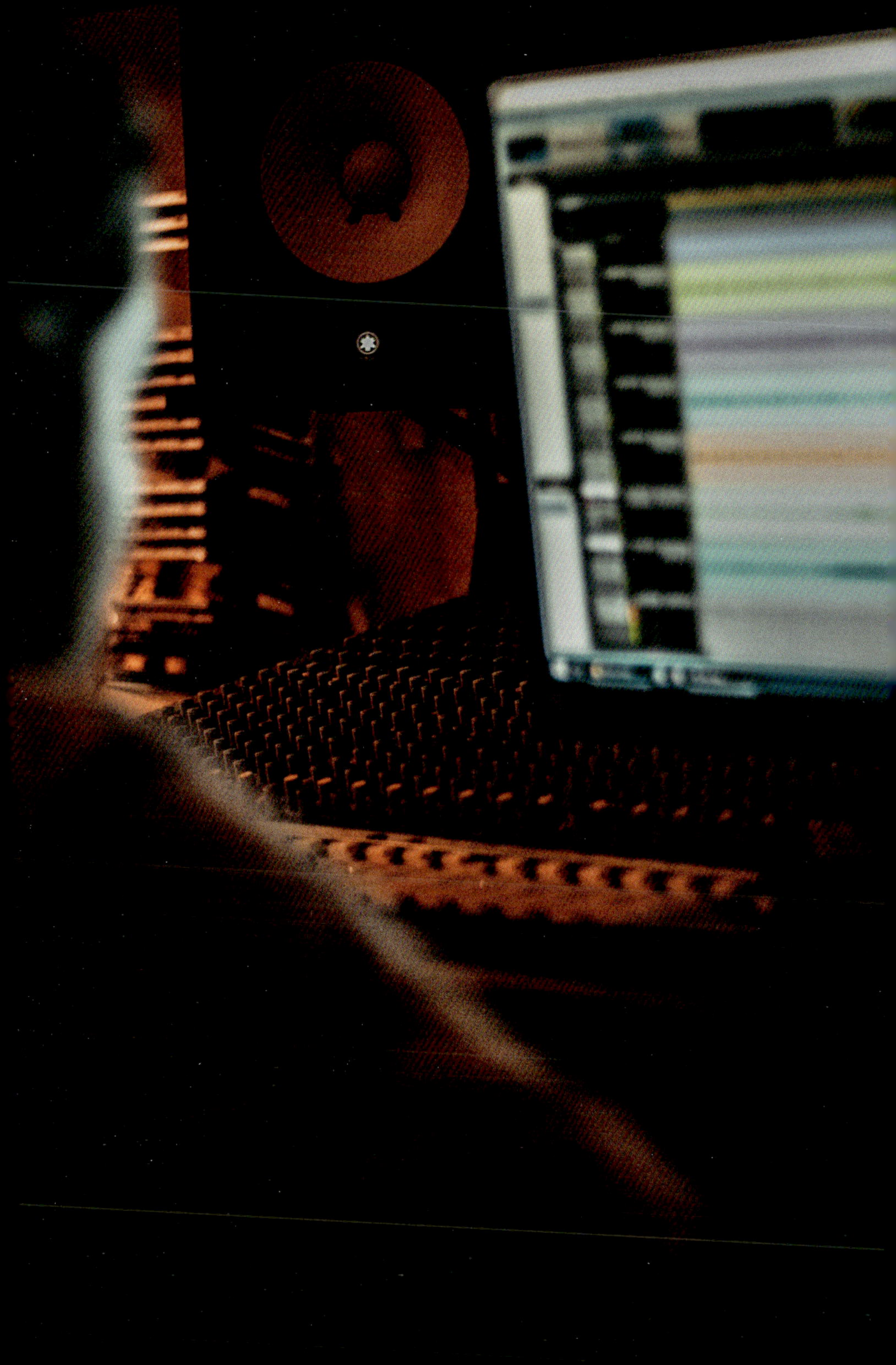

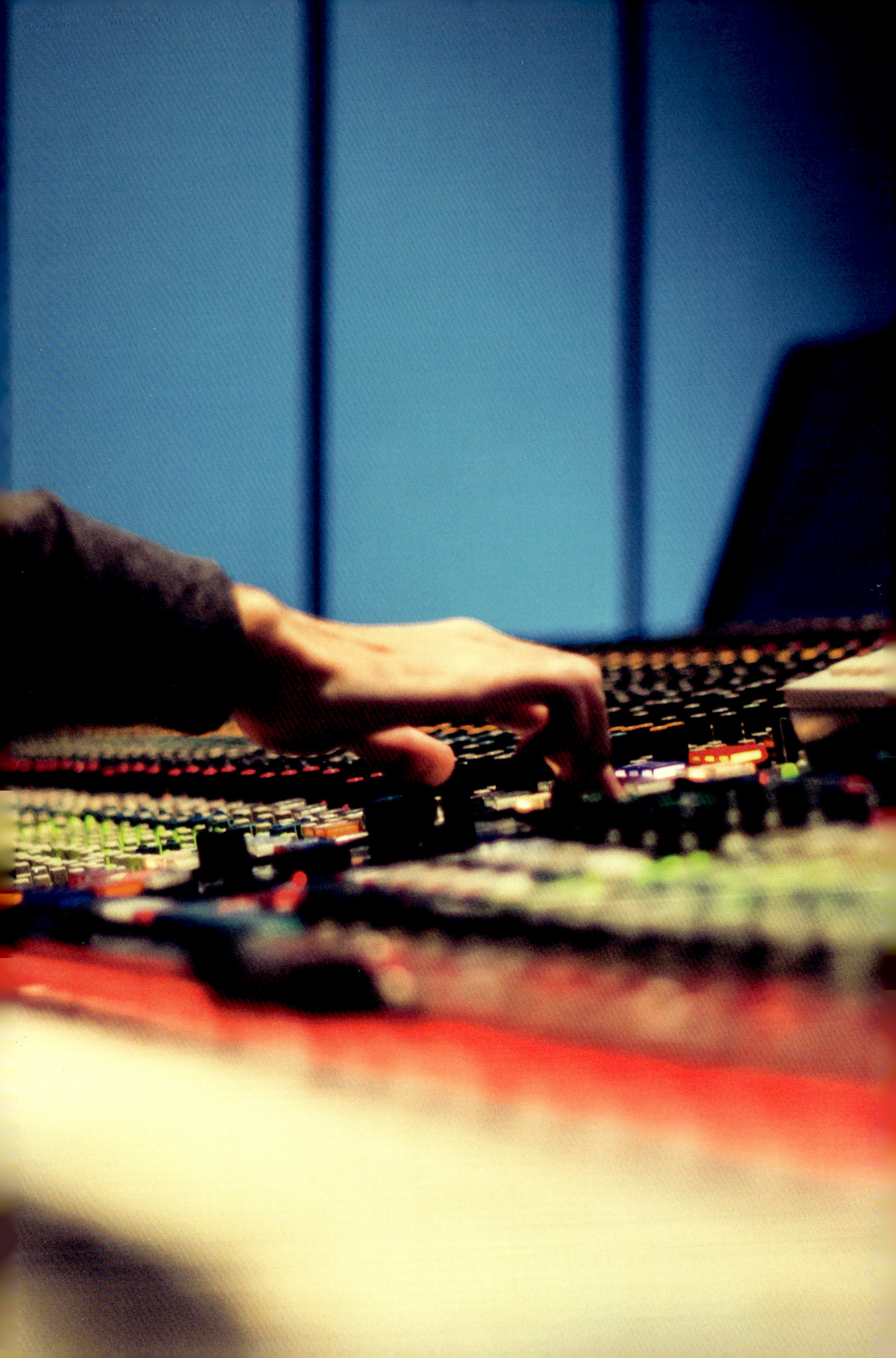

Lass uns zusammenfassen, was dein finanzielles Potenzial von Schritt #4 erhöht

1. Steuere deine Musikalität bei Aufnahmen bei, um deine Einkommensströme zu verdoppeln.

2. Arbeite auch hier an längerfristigen Kooperationen mit dem Künstler und seinem Recordingteam.

3. Vor allem deine Perspektive als Songwriter, die nur du hast, kann dem Song dazu verhelfen, auch auf der Aufnahme einmalig zu klingen.

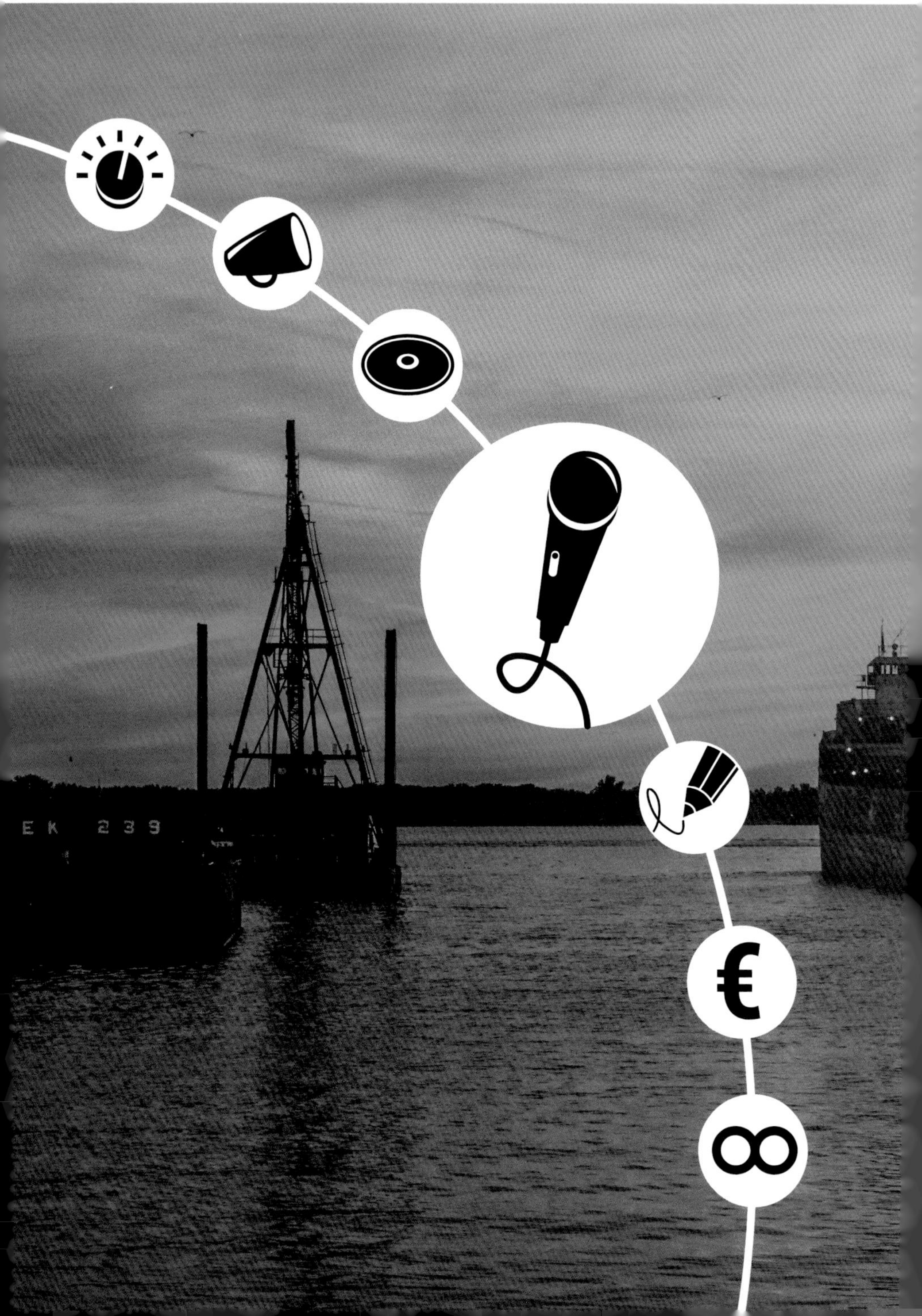
EK 239

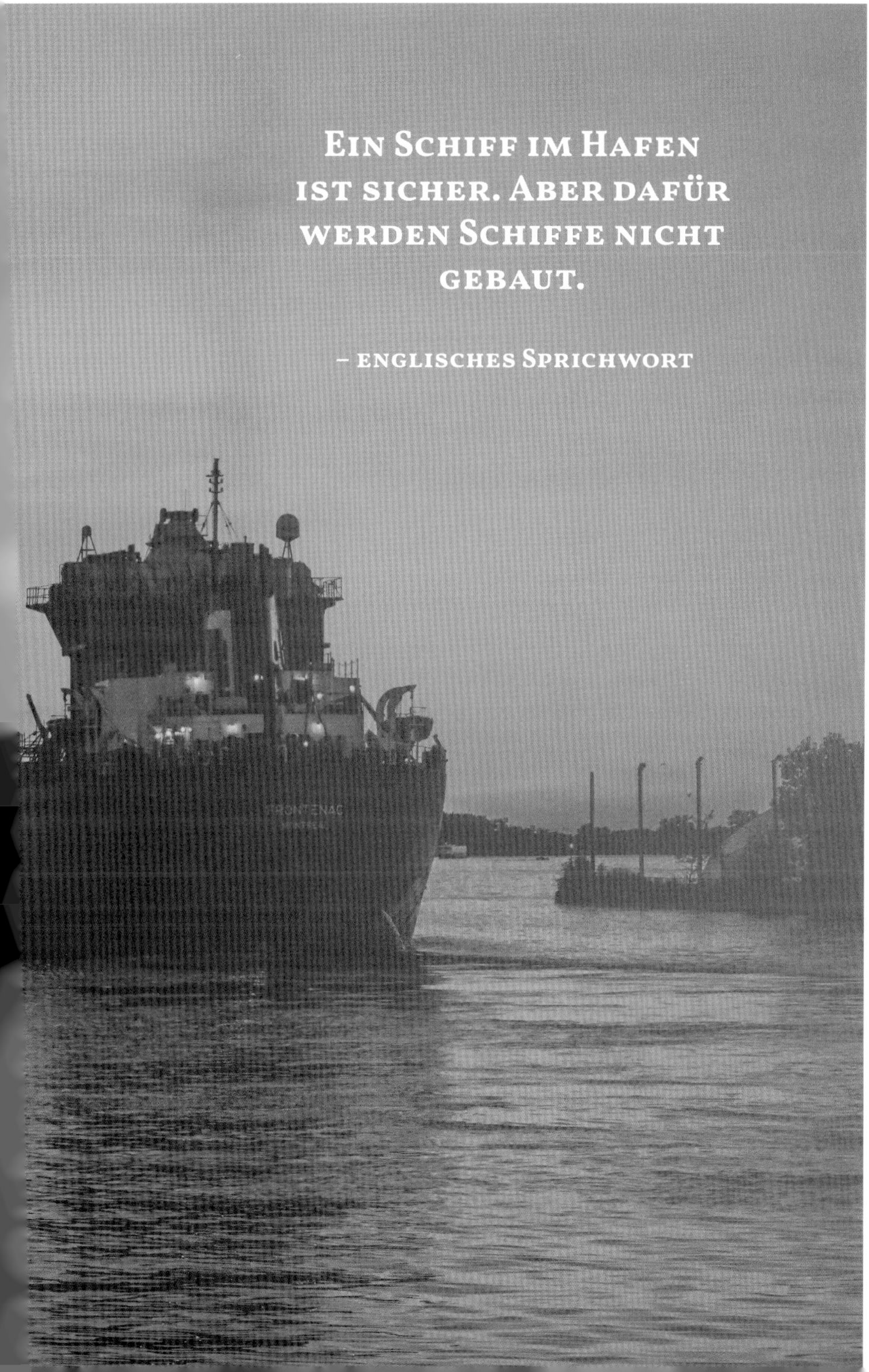

Ein Schiff im Hafen ist sicher. Aber dafür werden Schiffe nicht gebaut.

– englisches Sprichwort

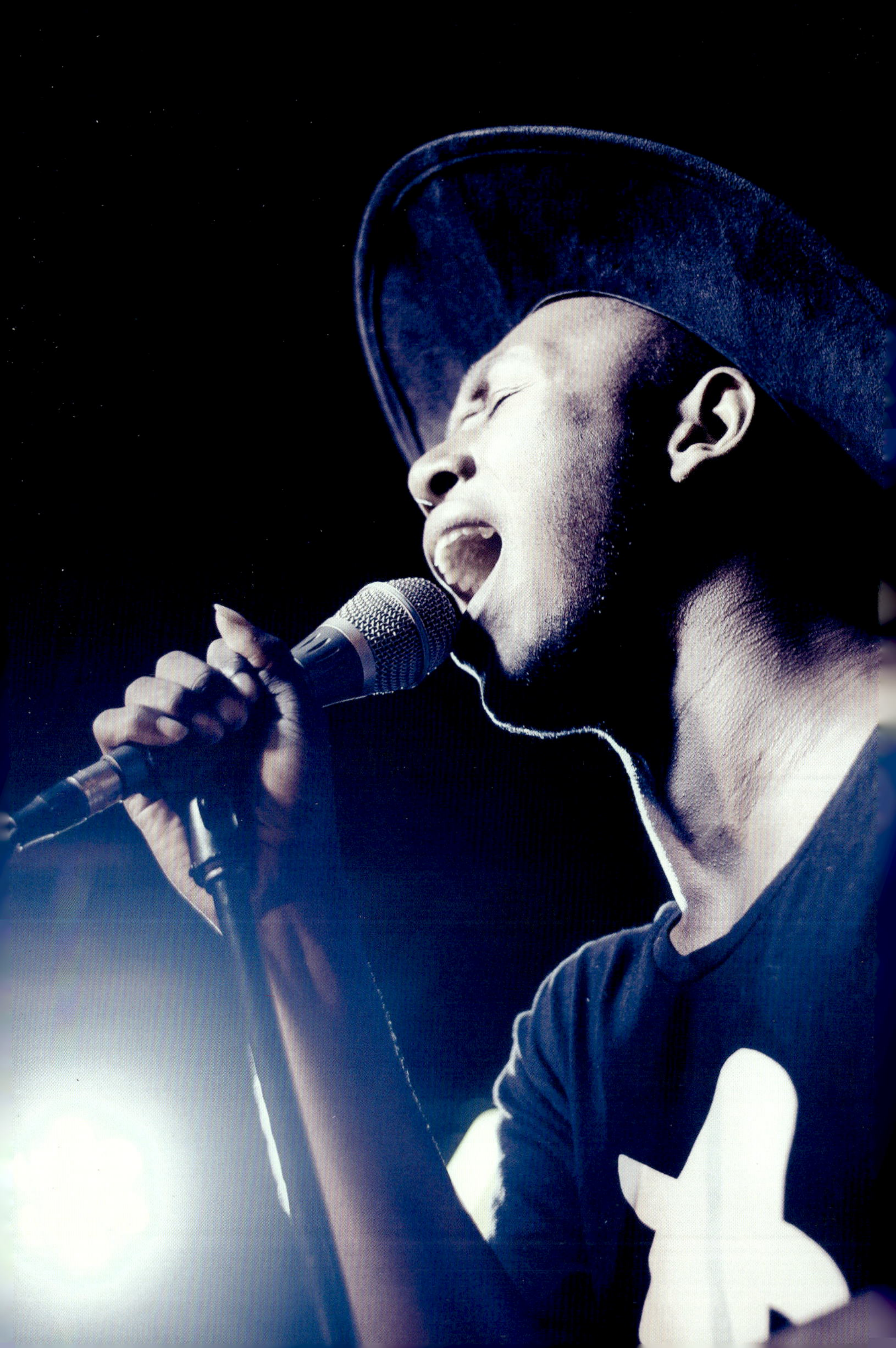

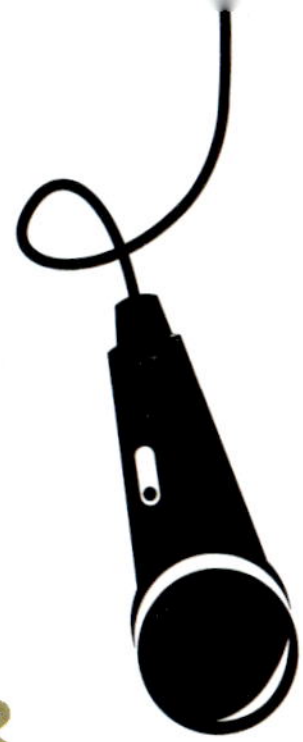

5 Schritt #5 – Öffentliche Aufführung und Verkäufe

Es ist soweit! Der Künstler tritt nun mit deinem Song auf! Ist das nicht richtig cool? Ja, ist es. Es ist genau das, was wir Songwriter wollen und lieben. Vielleicht steht sogar eine umfangreiche Tour ins Haus. Wer weiß? Im Musik-Business ist schließlich immer alles möglich. Dein Künstler tritt mit deinem Song vielleicht nicht nur auf, sondern er verkauft auch CDs mit deiner Komposition darauf. Vielleicht sind diese Aufnahmen nicht jeden Tag auf Tour erhältlich, aber vermutlich wird der Zeitpunkt kommen, da es deinen Titel auch in verschiedenen Läden oder auch auf Download-Portalen zu kaufen oder zu streamen gibt. Das ist alles wunderbar, denn ab nun bekommst du Tantiemen für:

jede öffentliche Aufführung und jede Ausstrahlung (Fernsehen, Radio etc.) durch das „Aufführungs- und Senderecht" und die Verkäufe (CDs, DVDs, Streaming usw.) durch das „mechanische Vervielfältigungs- und Verbreitungsrecht".

Die Schritte #4 und #5 sind besonders wichtige Schritte für den Künstler selbst, wobei insbesondere Schritt #5 – Öffentliche Aufführung und Verkäufe – die Phase ist, in der der Künstler in Wirklichkeit für dich arbeitet, wenn wir es aus der Perspektive des Songwriting-Cashflows betrachten. Und obwohl es beinahe schon surreal wirkt, gibt es aus meiner Sicht sogar in dieser Phase zwei Sachen, die du als Songwriter unternehmen kannst, um das finanzielle Potenzial deines Songwritings zu steigern.

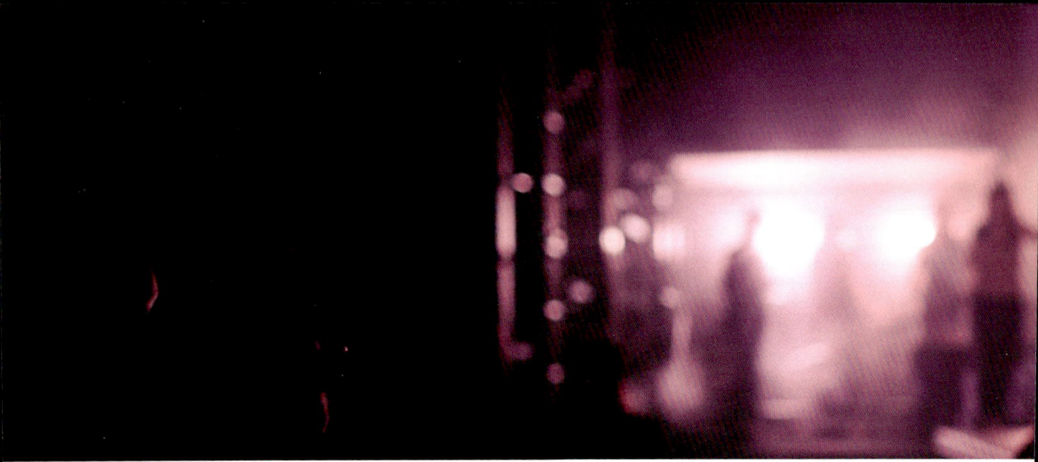

5.1 Unterstütze deinen Künstler psychologisch

Wenn du die Möglichkeit bekommst, solltest du unbedingt auf einem Konzert deines Künstlers vorbeischauen. Vielleicht spielt die Band ja in deiner Heimatstadt. Geh hin, mach dir einen schönen Abend und unterstütze die Band genau so, wie es jeder andere Fan auch tun würde. Ich genieße diese Abende, wenn ich meine Hände in die Höhe hebe, mitklatsche und mitschreie, also ob es kein Morgen mehr gäbe! Vertraue mir: Sobald dein Künstler dich sieht, wird er einen Freudekick verspüren, weil du nicht nur seine Songs schreibst, sondern dir auch gefällt, was der Künstler daraus macht. Denk doch drüber nach: Ein Künstler lebt für die Performance. Es ist das, was Musiker erfüllt, sie glücklich macht und sie jeden Tag aufs Neue motiviert, ihre Freude an der Kunst auf eine begeisterte Menschenmenge zu übertragen. In genau diesen Momenten, am Höhepunkt ihrer emotionalen Hochgefühle, tauchst plötzlich du auf und gibst ihnen das Signal: „Leute, ich bin an eurer Seite! Eure Songs sind spitze! Ihr performt wie die absoluten Biester! Ihr zerlegt diesen Gig!“ Ich liebe es jedes Mal, meine Künstler auf diese Art und Weise zu unterstützen!

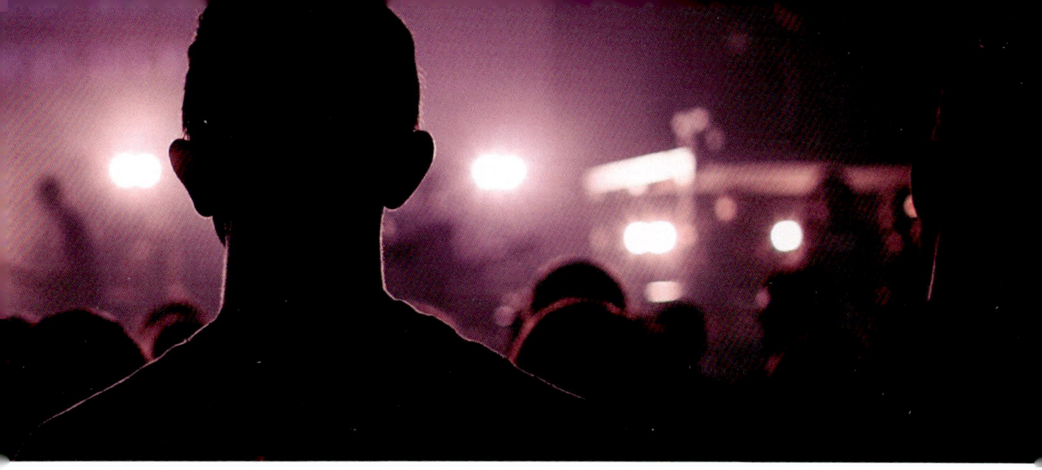

Eine wahre Geschichte: Nachdem ich ein Konzert von einem der Künstler, für die ich schreibe, besucht habe, sprach mich die Geschäftsführerin einer der größten Booking-Agenturen in Österreich an. Sie meinte: „Hey, ich weiß genau, dass du derjenige bist, der all die tollen Songs dieses Künstlers geschrieben hat. Sie waren wirklich großartig und ich hatte einen tollen Abend. Natürlich gab es welche, die mir besser gefallen haben als die anderen, aber was ich wirklich anmerken muss ist: Ich habe noch nie einen Songwriter gesehen, der so viel Spaß auf dem Gig seiner Künstler gehabt hat. Du scheinst wirklich an diesen Künstler zu glauben, ich konnte es förmlich in deinen Augen sehen. Während des gesamten Konzerts. Deine Freude war ein pures Vergnügen zu beobachten. Bleib wie du bist!" Das waren wirklich nette Worte von einer Musik-Business-Lady, die ich in ihrer Rolle als sehr erfahren einschätze. Irgendwie habe ich das Gefühl, dass mein Verhalten nicht nur den Künstler unterstützt hat, sondern, dass das sogar für mich als Songwriter unbezahlbares Marketing war. Das Verrückte daran ist, dass ich nichts Bestimmtes zu tun hatte, außer ich selbst zu sein.

Übrigens ist der Fakt, dass du den Gig deines Künstlers besucht hast, gleich ein megacooles Thema für euer nächstes gemeinsames Treffen. Über den letzten Live-Gig zu philosophieren – was gibt es Besseres für einen Musiker?

5.2 Unterstütze den Künstler finanziell

Für mich spielt es im Regelfall keine Rolle, wie ich an die fertigen Produkte meiner Künstler rankomme. Es gibt eben Dinge, die ich besitzen möchte. Ich kaufe mir zum Beispiel meistens ein Exemplar der Single oder des Albums eines Künstlers, auf dem einer meiner Songs drauf zu hören ist. Direkt neben meinem Bett habe ich ein Regal, wo ich die CDs dann hinstelle und manchmal, wenn ich zu Bett gehe, sehe ich mir an, was ich bereits auf meinem Weg erreicht habe. Es zählt auch zu den ersten Dingen, die ich am Morgen nach dem Aufstehen sehe. Es erinnert mich an die tollen Menschen, mit denen ich zusammengearbeitet habe und die wunderschöne Kunstform, die ich regelmäßig machen darf und die mich so glücklich macht.

Auf Spotify habe ich auch eine eigene Playlist erstellt, die jeden einzelnen meiner Songs, die jemals ein Künstler auf Spotify veröffentlicht hat, beinhaltet. Manchmal, wenn ich spazieren gehe und Lust darauf habe, ist das die Playlist meiner Wahl. Ich denke dann sowohl darüber nach, was gut verlaufen ist, als auch, aus welchem Projekt ich noch mehr hätte rausholen können. Emotional und finanziell. Manchmal merke ich auch, wie gewisse Songs, die ich damals für Hits gehalten habe, eigentlich gar nicht so gut sind. Oder ich erkenne in manchen meiner Flops ein Hitpotenzial, das wohl alle übersehen haben. Ihr wisst schon, so etwas gehört eben dazu. Lustig ist es aber jedes Mal zu wissen, dass ich beim Spazierengehen und Hören meiner eigenen Musik wieder ein paar Cents durch Streaming verdiene. Ist nur eine Kleinigkeit, aber hey: Wer den Groschen nicht ehrt, …

Hin und wieder kaufe ich sogar Merchandising von den kleinen Shops, die die Künstler auf ihren Live-Konzerten aufbauen. Manche Künstler verkaufen ja weit mehr als ihre Musik. Da gibt es T-Shirts, Kaffeebecher, Armbänder oder so Zeug. Bei den Kaffeebechern schlage ich manchmal zu. Warum? Wie sonst könnte ich einen Montagmorgen besser starten als mit einem gut gebrühten Kaffee, den ich direkt aus dem Kaffeebecher eines Künstlers trinke, der wohl am vergangenen Wochenende Geld für mich verdient hat? Wenn ich es rein mathematisch durchrechnen würde, wäre es realistisch, dass dieser Künstler meinen Song vielleicht zwei- bis viermal am letzten Wochenende gespielt hat und ich damit alleine mit den Tantiemen nicht nur den Kaffeebecher zurückbezahlt bekommen habe, sondern auch noch den Kaffee, der drinnen ist. Ist doch Hammer!

Auf der anderen Seite bedeuten diese Verkäufe für den Künstler am Merchandising-Shop auch sehr viel. Es ist in jedem Fall eine Win-Win-Situation und ich bin mir sicher, dass sich beide Seiten dessen bewusst sind.

Es gibt übrigens keine Regeln, die besagen, wo das Expertenfeld und der Zuständigkeitsbereich des Songwriters gegenüber einem Künstler anfängt oder aufhört. Ja, es gibt vielleicht gewisse Regeln, die durch Gesetze wie das Urheberrecht definiert sind, aber diese Regeln beziehen sich nie auf die echte Geschäftswelt oder die eigenen Vorstellungen des Berufes. Als Songwriter liegt es an dir zu entscheiden, was du wie, wann, wo und warum für deine Künstler tun möchtest, um sie zu unterstützen. Aus einer rein geschäftlichen Perspektive kann sich das absolut rentieren, und zwar vor allem dann, wenn deine Unterstützung dabei hilft, die Karriere des Künstlers voranzutreiben, der dann wiederum ein leichteres Spiel hat, deine Songs zu Geld zu machen. Es ist manchmal ein riskantes Spiel, aber wir sprechen im Moment ja auch von einem Business und nicht von einem ausschließlichen Hobby.

Wer weiß, wie weit Michael Jackson gekommen wäre, wenn sein Vater nicht seinen Job gekündigt und seine gesamte zur Verfügung stehende Zeit in die Entwicklung des Projekts: „The Jackson 5“ investiert hätte? Ja klar, der Vater wird schon ein gehöriges A******ch gewesen sein, aber sein Zeitinvestment hat sich, zumindest aus seiner Sicht, wohl rentiert. Ein Freund von mir hat einmal sage und schreibe 60.000 Euro in die Entwicklung eines Newcomer-Musikprojektes investiert, nur um danach mit seinem Partner mitansehen zu müssen, wie das Ganze wieder den Bach runterging. Das Geld war danach futsch! Auch ich habe bereits mehrfach Geld und andere Ressourcen in die Entwicklung von Künstlern investiert. Ist das immer gut gegangen? Nein. Würde ich es wieder tun? Ja. Weil es manchmal eben Gründe gibt, gewisse Dinge zu versuchen. Wo käme ich denn hin, wenn ich nur darauf aus wäre, Sicherheit zu erlangen. In die Versicherungsbranche vielleicht, aber niemals ins Musik-Business.

Lass uns doch ein fiktives, aber sehr plausibles Investment für dich erfinden: Nehmen wir an, du hast eine großartige, junge und talentierte Sängerin entdeckt und schreibst einen Song für diesen Teenager. Du bietest ihr an, dass du die Aufnahmen an ihrem ersten, von dir geschriebenen Titel komplett bezahlst, die du im Anschluss auf Youtube und allen relevanten Streaming-Plattformen hochlädst. Du könntest die Ausgaben und Einnahmen sogar mit einem Produzenten deines Vertrauens teilen, damit sie nicht so belastend sind. Mal sehen, was dabei rausspringen kann. Wie klingt das als erstes Investment für dich? Klingt überschaubar, oder?

Du kannst davon ausgehen, dass sich nicht alle Investments im Nachhinein lohnen werden, aber das ist auch nicht immer das einzige Ziel, das du verfolgen solltest. Das Ziel ist, dass du bei jedem Investment etwas dazulernst und in Zukunft bessere und fundiertere Entscheidungen treffen kannst. Du wirst mit der Zeit besser werden, also versichere dich, dass du deine Entscheidungen sinnvoll und ausgiebig reflektierst.

Sollte es dich allerdings überhaupt nicht interessieren, in ein musikalisches Projekt zu investieren, ist das natürlich auch in Ordnung.

Wie ich bereits geschrieben habe, gibt es niemanden, der dir jemals sagen wird, was ein Songwriter genau zu tun hat, was er darf und was nicht. Das wird immer an dir liegen. Sei also du selbst und entscheide dich ausschließlich für die Dinge, die dafür sorgen, dass du zu jeder Zeit du bist.

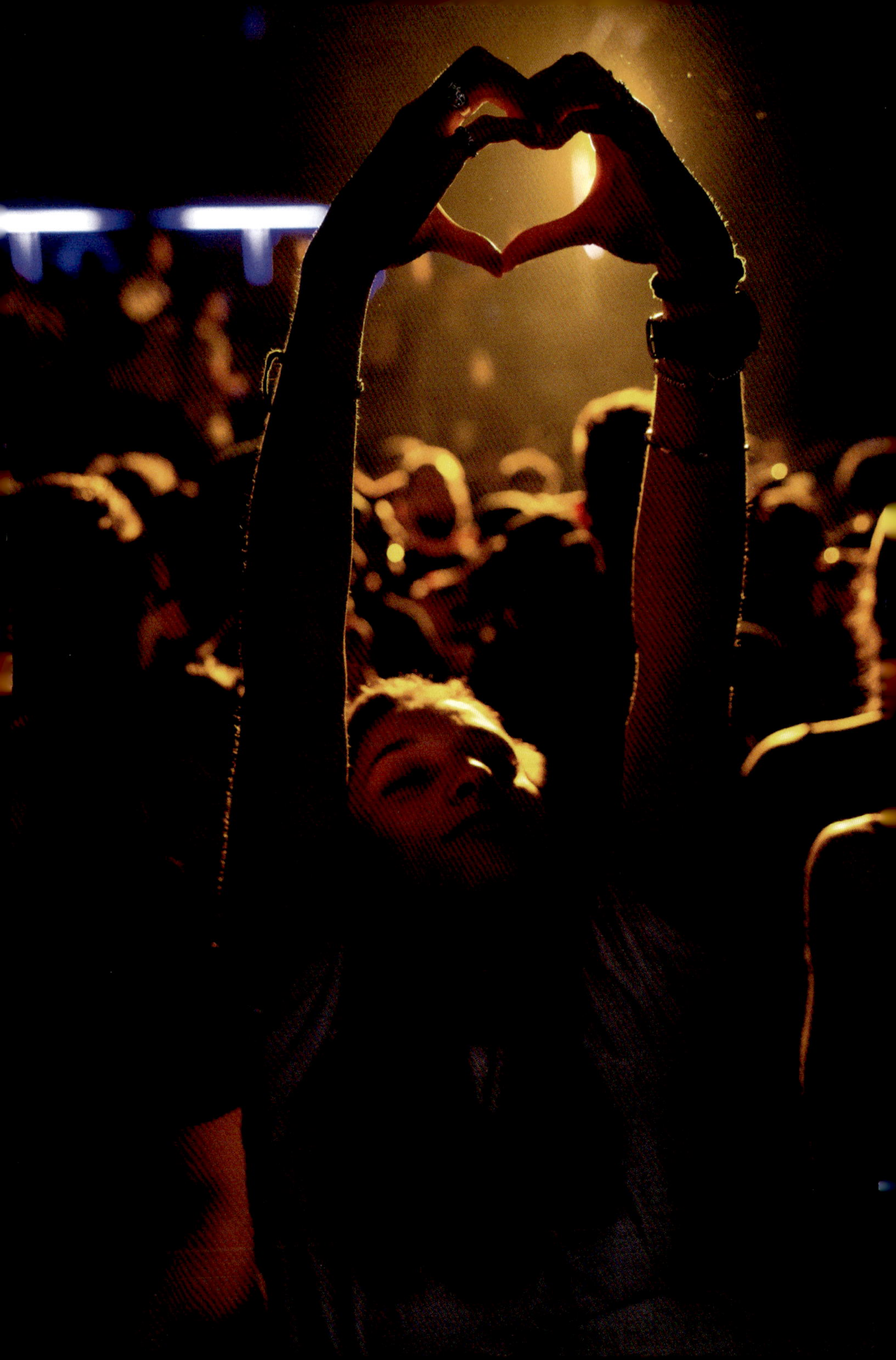

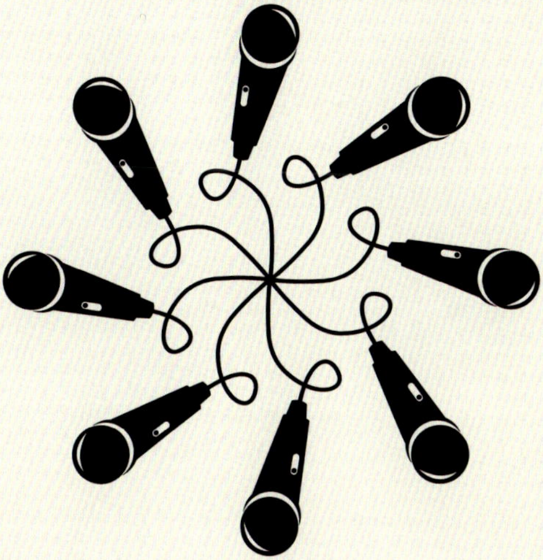

Lass uns zusammenfassen, was dein finanzielles Potenzial von Schritt #5 erhöht

1. Sei für den Künstler in den Augenblicken da, die ihm am meisten bedeuten.

2. Kaufe Produkte des Künstlers! Ob du es glaubst oder nicht: Es lohnt sich für den Künstler und für dich!

3. Wenn du Bock hast, investiere direkt in den Künstler und lerne daraus.

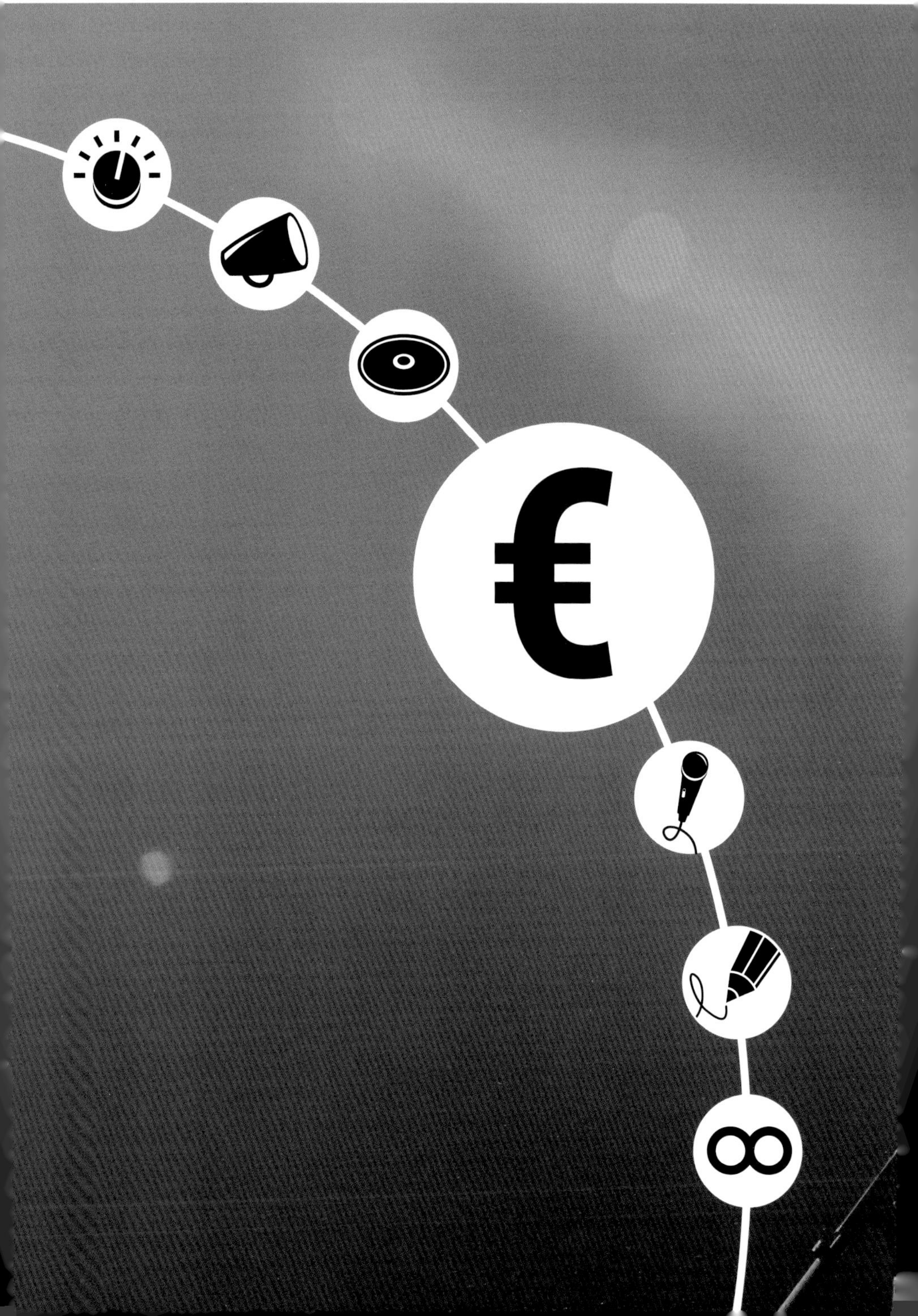

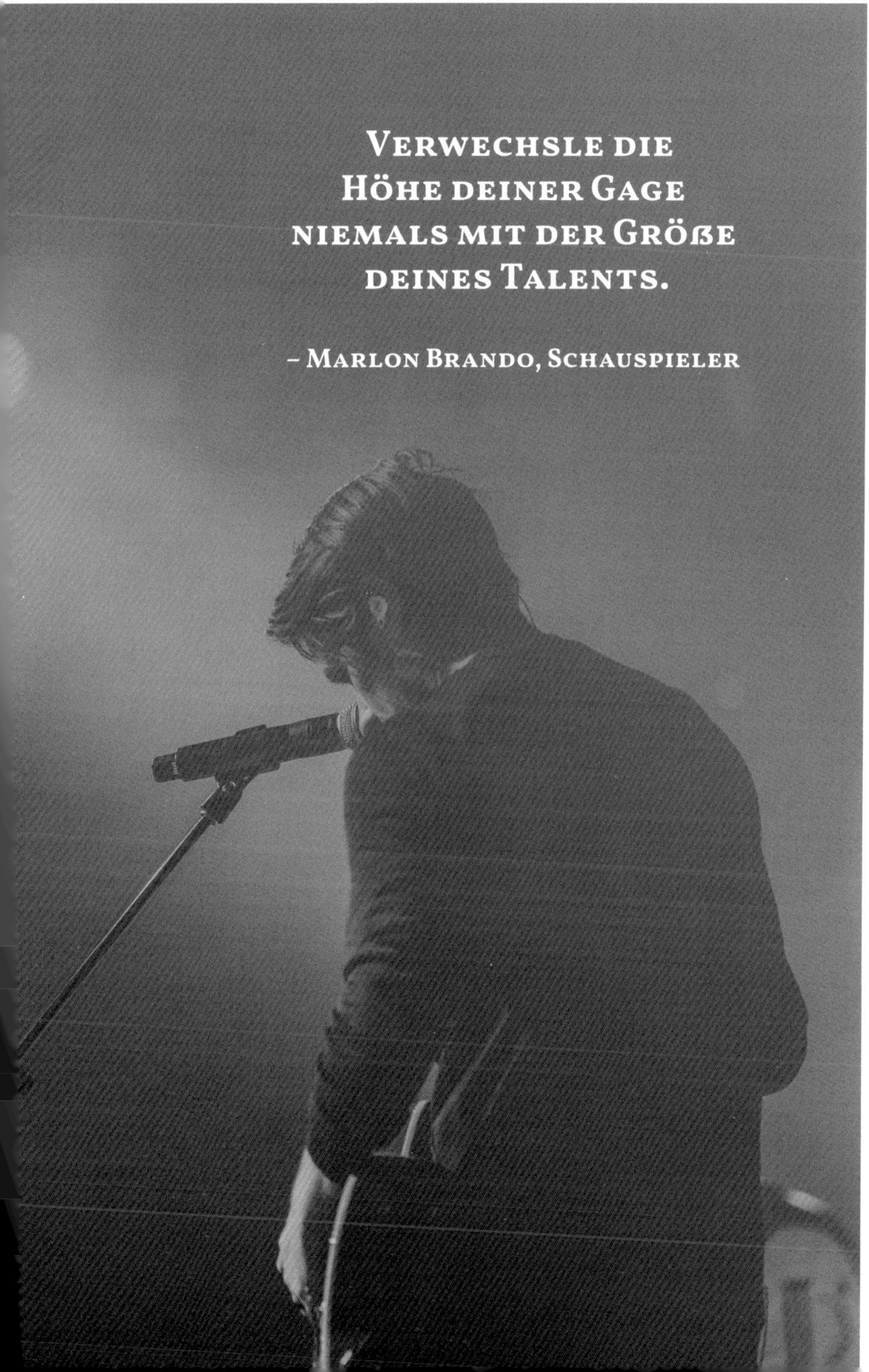

Verwechsle die Höhe deiner Gage niemals mit der Größe deines Talents.

– Marlon Brando, Schauspieler

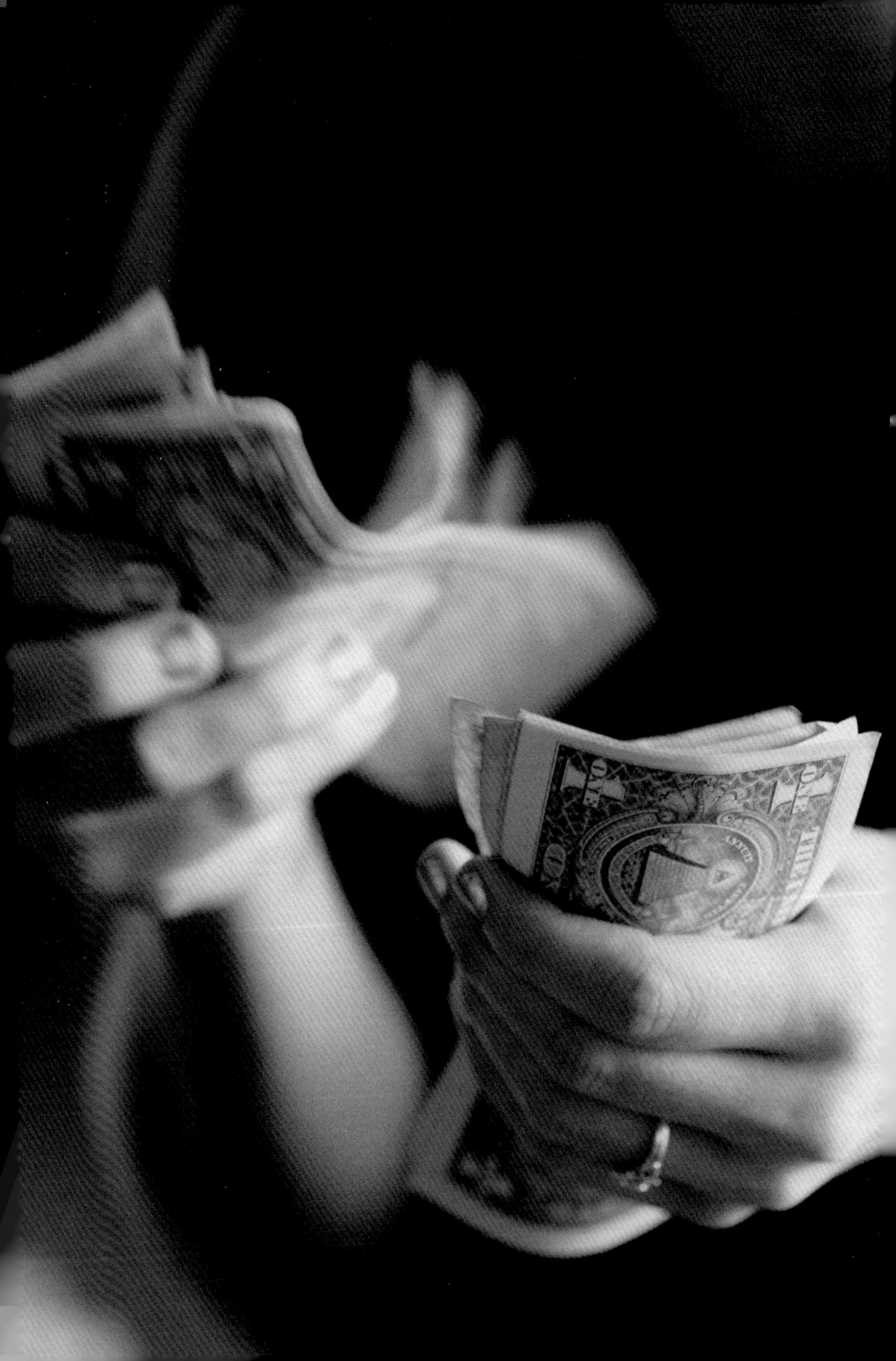

6 Schritt #6 – Cashflow

6.1 Die Wichtigkeit von Verwertungsgesellschaften

Sobald du beginnst, Songs professionell zu schreiben und zu veröffentlichen, kann es sehr schwierig werden nachzuvollziehen, wann und wo diese öffentlich aufgeführt werden oder auch auf welchen Medien diese vervielfältigt werden. Das nachzuvollziehen ist aber ein absolutes Muss, da du ja für jede Aufführung (Konzerte, Radio, Fernsehen usw.) bezahlt werden solltest, genauso wie auch für jede verkaufte Vervielfältigung deiner Titel. Zu versuchen, all das als private Person nebenbei zu eruieren, wäre mit Sicherheit eine Sisyphos-Arbeit, da in dem Moment, wo du alle Informationen hättest, vermutlich wieder neue Auftritte oder Vervielfältigungen stattgefunden hätten. Die meisten professionellen Songschreiber treten deshalb verschiedensten Verwertungsgesellschaften bei, die diese Arbeit komplett für sie übernehmen.

Die großen Verwertungsgesellschaften arbeiten seit geraumer Zeit in einem eng vernetzten System zusammen. Dies ermöglicht es,

Tantiemen aus allen Teilen der Welt einzusammeln und den entsprechenden Urhebern zukommen zu lassen. Diese Unternehmen arbeiten nicht gewinnorientiert, sondern zahlen sich stattdessen lediglich eine Aufwandsentschädigung in der Höhe aus, die alle Kosten dieser Interessensvertretungen deckt.

Sie haben unterschiedliche Eintrittsanforderungen an ihre Mitglieder, die sich nach der Art und dem Zweck dieser Gesellschaften in den jeweiligen Ländern richten. Solange du allerdings belegen kannst, dass du ein tatsächlicher aktiver Songwriter bist, sollte es dir nicht allzu schwerfallen, den relevanten Gesellschaften innerhalb deines Landes beizutreten, um deine Urheberrechte und Tantiemenansprüche von ihnen verwalten zu lassen. Im Regelfall gilt es, deine Tätigkeiten als Songwriter nachzuweisen, einen Vertrag zu unterzeichnen und eine Einmalzahlung zu leisten. Eigentlich ganz einfach. Im Grunde erteilst du diesen Gesellschaften die Erlaubnis, deine urheberrechtlichen Ansprüche einzufordern, Tantiemen auszuschütten und in deinem Sinne auf eine gerechte Verwertung zu achten. Um die Details all dieser unterschiedlichen Verträge zu besprechen, wäre das vorliegende Buch wohl zu dünn, aber am Ende des Tages ist sowieso wichtig, dass du dir genau durchliest, was du unterschreibst, und vielleicht dabei auch noch im Hinterkopf behältst, dass diese Verwertungsgesellschaften tatsächlich in deinem Interesse agieren.

Als Faustregel gilt: Wenn dein Songwriting-Business eine Größe angenommen hat, in der es für dich schwer wird, genau nachzuvollziehen, was mit deinen Liedern passiert, ist der Zeitpunkt gekommen, an dem du den relevanten Verwertungsgesellschaften beitreten solltest. Aus finanzieller Sicht gesprochen.

Du findest im Folgenden eine Aufstellung der wichtigen Verwertungsgesellschaften für die Verwertung der Urheberrechte (wie in Schritt #5 beschrieben) von Songwritern in Österreich, Deutschland und Amerika:

Verwertungsgesellschaften	AT	DE	USA
Aufführungsrecht	AKM	GEMA	ASCAP, BMI, SESAC
Vervielfältigungsrecht	AUME	GEMA	Harry Fox Agency
Leistungsschutzrecht	LSG	GVL	Soundexchange, SAG-AFTRA

In unterschiedlichen Ländern der Welt gibt es im Regelfall vergleichbare Gesellschaften und es ist aus meiner Erfahrung relativ einfach, Informationen darüber zu finden. Wenn du bis jetzt noch nicht Mitglied einer solchen Vereinigung bist, würde ich empfehlen, dass du mit einer Ansprechperson telefonierst und um eine Beratung ansuchst. Die Mitarbeiter werden sich freuen, dich unterstützen zu können, denn wir Songwriter sind genau die Menschen, für die dieses Personal arbeitet und arbeiten möchte. Ich hatte bis jetzt meist sehr bereichernde Gespräche, wann immer ich mich mit Fragen gemeldet habe.

6.2 Die Tantiemen-Auszahlung

Diese Finanzzahlungen landen immer im Abstand von etwas größeren Zeitfenstern auf deinem Konto. Oft werden Beträge für deine Songs über Monate oder sogar Jahre zusammengesammelt, bis sie zu einer gemeinsamen Auszahlung kommen. Das macht es für uns Songwriter nicht immer leicht zu kalkulieren, wieviel Geld wir wann haben werden, aber für die Verwertungsgesellschaften ist das deutlich kostensparender als ein oftmaliges Auszahlungsmodell. Auszahlungen nur pro Quartal oder sogar pro Jahr zu erhalten, benötigt von deiner Seite her eine sehr genaue finanzielle Planung, die überhaupt nicht vergleichbar ist mit der Planung eines monatlichen Fixeinkommens. Dazu kommt noch, dass dir der Gesamtbetrag deiner Tantiemen im Vorhinein nicht bewusst ist. Oft ist auch nicht klar ersichtlich, wann welche Auszahlungen fällig sind – oder sagen wir so: sich in diese Gegebenheiten einzulesen ist nicht immer einfach. Die Verwertungsgesellschaften arbeiten zwar sehr transparent, wie man auch an ihrem jährlich öffentlichen Geschäftsbericht sehen kann, aber wir kreativen Köpfe scheinen für rationale Mathematik wohl nicht immer die richtige Zielgruppe zu sein. Das vernetzte System, in welchem diese Verwertungsgesellschaften agieren, ist aber auch nicht immer einfach zu durchschauen.

Nehmen wir auch hier wieder ein einfaches Beispiel zur Verdeutlichung des Prozesses:

Stell dir vor, du hast einen Song geschrieben und lebst in Österreich. Die AKM ist als Verwertungsgesellschaft von dir beauftragt worden, dir die zugehörigen Tantiemen einzusammeln und auszuzahlen.

Spinnen wir den Gedanken noch weiter und lass uns annehmen, dass du diesen Song für einen Künstler geschrieben hast, der in Deutschland lebt und dort seine Musik, also deinen Song, aufführt. Nun müssen der

Künstler, die Konzert-Veranstalter, jeder Radio- und jeder TV-Sender, der dein Lied vor Ort gespielt hat, eine detaillierte Aufstellung über die Verwendung deines Songs an die GEMA (das deutsche Pendant zur AKM) senden. Sobald die GEMA diese Daten ausgewertet hat und von den entsprechenden Personen bzw. Organisationen die Nutzungsgebühren für deine Musik eingefordert hat, übermittelt sie das Geld an die AKM in Österreich. Diese wiederum schüttet deinen Anteil des Geldes an dich aus, da du der Urheber des Werkes bist. Dieses System ist auf die gesamte Welt übertragen und funktioniert relativ reibungslos, um das Urheberrecht von Songwritern fair und transparent wahrnehmen zu können. Ist das nicht wunderbar? Schade eigentlich, dass nicht alles in der Welt so gut funktioniert.

Wenn du auch noch die Möglichkeit hattest, auf einer Aufnahme in einem Studio ein Instrument einzuspielen oder etwas Gesangliches beizutragen (so wie ich in Schritt #4 beschrieben habe), dann gehören dir auch gewisse Verwertungsansprüche an der Aufnahme, wenn diese öffentlich ausgestrahlt wird. Diese Einnahmen gehören in meinen Augen aber primär zu den Zielen der leider bereits vom Aussterben bedrohten Spezies der Studiomusiker. Ich sehe das als einen möglichen Nebenverdienst an. Wenn ich zusätzliche Tantiemen dafür bekommen kann, ist es gut. Wenn nicht, ist es auch gut. Dann habe ich eben mehr Zeit, um mich um meinen nächsten Song zu kümmern.

6.3 Passives Einkommen

Ein sehr wichtiger weiterer Fakt über das Tantiemen-Auszahlungs-System ist etwas, das als „passives Einkommen" bezeichnet wird. Dieser Begriff bedeutet, dass du im Gegensatz zu einem Angestelltenjob als Songwriter nicht physisch an einem bestimmten Ort eine gewisse Sache aktiv tun musst, um dein Geld zu verdienen. Du musst nirgends sein und musst auch nichts tun, um zeitgleich eine Abgeltung in Form von Geld zu verdienen. Du verdienst dein Geld nicht durch einen aktiven Tausch deiner Zeit, im Gegenteil. Sobald du einen Song veröffentlicht hast, arbeitet dieser für dich. Und du kannst passiv dabei zusehen, wie dein Kontostand wächst.

Wenn du erst einmal einen Song geschrieben und bei der entsprechenden Verwertungsgesellschaft registriert hast, hat dieser Song das Potenzial, Tantiemen für dich zu verdienen, und zwar bis 70 Jahre nach dem Tod des letzten Urhebers. Natürlich wirst du nur Auszahlungen erhalten, solange der Song auch aufgeführt oder verkauft wird. Aber ein Song ist gar nicht so kurzlebig. Ich war erstaunt, als ich erkannte, was für Lieder von mir heute noch irgendwann irgendwo laufen. Übrigens, deine Urheberrechte sind auch vererbbar. Du brauchst dir also keine Sorgen machen, dass mit deinem Tod plötzlich alles vorbei ist.

Da die Tantiemenzahlungen potenziell für so eine lange Zeit anhalten, ist es auch wahrscheinlich, dass dein jährlicher Auszahlungsbetrag ansteigt, wenn du dafür sorgen kannst, dass du regelmäßig neue Songs veröffentlichen kannst. Manchmal ist dieser Anstieg auch bereits durch einen etwas erfolgreicheren Song deutlich zum Vorjahr erhöht. Bedenke aber auch, dass jeder deiner Songs mit der Zeit an Tantiemen abbauen wird, aber das ist wie gesagt nur halb so schlimm, solange du für neuen Brennstoff sorgst.

6.4 Investiere das Geld

Ich bin kein Finanzplaner! Ich war niemals in einer Bank angestellt und habe die Börse nie von innen gesehen. Ich würde mir dennoch eine überdurchschnittliche finanzielle Intelligenz zuschreiben, weil mich das Thema grundsätzlich interessiert. Lies meine folgenden Worte daher bitte ganz genau: Natürlich kannst du das gesamte, durch deine Tantiemen verdiente Geld komplett auf den Putz hauen. Es ist dein Geld. Es ist dein Leben. Ich würde dir dennoch etwas anderes empfehlen.

Da ich davon ausgehe, dass wir beide den gleichen Traum verfolgen, der da heißt, richtig gut von der Kunst, sprich vom Songwriting, leben zu können, würde ich dir raten, etwas anderes zu tun, als dein Geld unbedacht auszugeben. Ich empfehle eine Sache, die leider nur sehr wenige Musiker machen: investieren!

Jawohl! Investieren. Viele Musiker glauben aber leider fälschlicherweise, dass sie bereits investieren, wenn sie sich ein neues Instrument für ihr Musikprojekt kaufen. Sie geben ihr Geld auch für Flyer, eine neue Website oder den Proberaum aus, in dem sie proben. Das wäre doch alles investieren, oder? Jein. Wäre es nicht. Zumindest nicht immer. Es scheint im Regelfall nur so, als ob das Investments wären, in Wirklichkeit sind es aber nichts anderes als Ausgaben. Ein Investment ist es nur dann, wenn du einen ROI (Return on Investment) feststellen kannst, wenn für dich also nachvollziehbar ist, dass du nach dem Kauf einer Sache mehr Geld in der Tasche hast als vor dem Kauf der Sache. Der Unterschied ist zwar scheinbar nur gering, hat aber einen riesigen Einfluss auf dein finanzielles Wohlbefinden als Musiker. Um es ganz einfach zu beschreiben:

Ausgeben = Geld für etwas eintauschen, dass dich längerfristig noch mehr Geld kostet.

Investieren = Geld für etwas eintauschen, dass dir längerfristig noch mehr Geld einbringt.

Abgesehen davon, dass man Teile seines Geldes für die nötigsten Dinge ohnehin aufwendet, ohne viel darüber nachzudenken (Essen, Gas, Strom etc.), ist es wichtig, sich bewusst zu machen, ob man „kauft, um zu kaufen" oder in etwas „investiert".

Ich nehme als Beispiel den Kauf einer Gitarre: Wenn du eine neue Gitarre kaufst, ist es sehr wahrscheinlich, dass dieses Instrument im Laufe der Zeit an Wert verliert. Wenn du diese Gitarre nicht dazu verwendest, dir mehr Geld einzuspielen, als sie gekostet hat, wirst du dein hart verdientes Geld bloß ausgegeben haben. Wenn du es allerdings bewerkstelligen kannst, dass diese Gitarre dein laufendes Nettoeinkommen erhöht, dann war diese Gitarre ein gutes Investment. Dein Geld zu investieren bringt dich finanziellem Wohlstand näher, es auszugeben entfernt dich davon.

In meinem Buch **Finanztipps für Musiker** gehe ich sehr im Detail auf die Gegenüberstellung von Investments und Ausgaben und auch auf weitere wichtige Schritte zur finanziellen Freiheit für Musiker ein. Ein Bewusstsein für diese Sachen zu erlangen, ist in meinen Augen für jeden Musiker wichtig, der zufrieden und glücklich auch in einem finanziellen Sinne leben möchte.

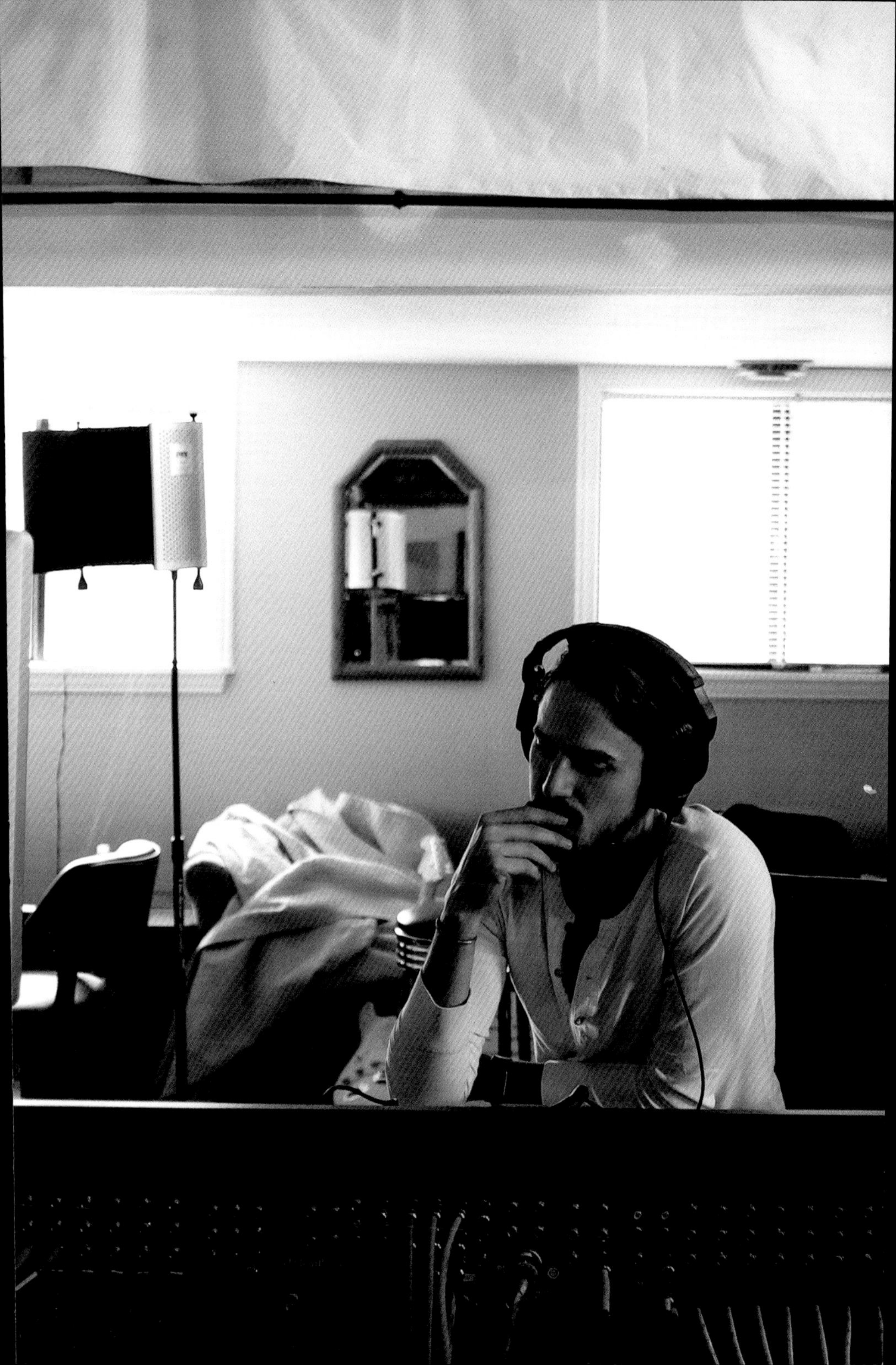

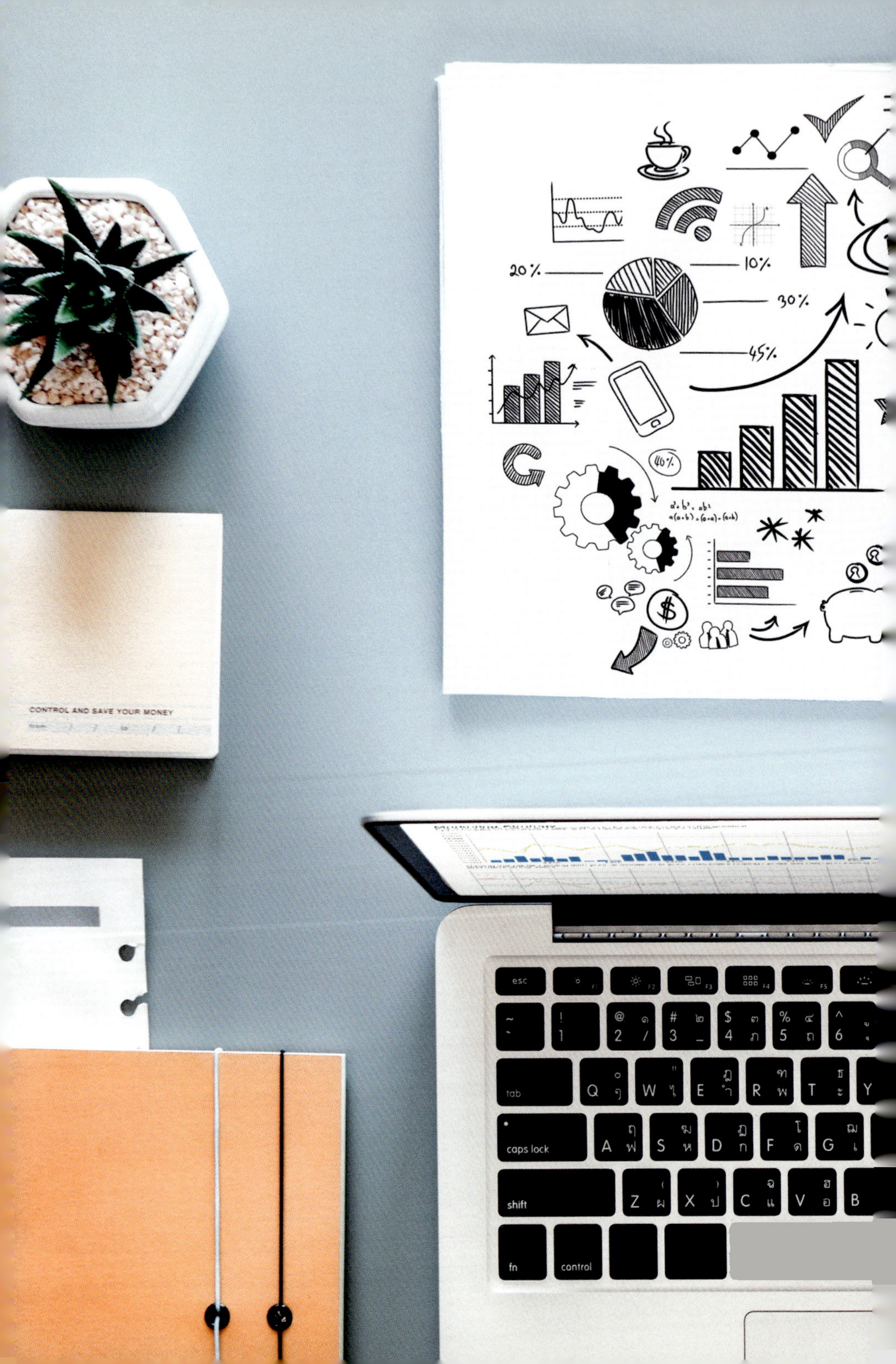
20%
10%
30%
45%
40%
CONTROL AND SAVE YOUR MONEY
esc
tab
caps lock
shift
fn
control

Lass uns zusammenfassen, was dein finanzielles Potenzial von Schritt #6 erhöht

1. Tritt Verwertungsgesellschaften bei und lass sie für dich die Arbeit machen.

2. Du solltest den Unterschied zwischen passivem und aktivem Einkommen verstehen.

3. Investiere das Geld, das du verdient hast. Gib es nicht nur aus.

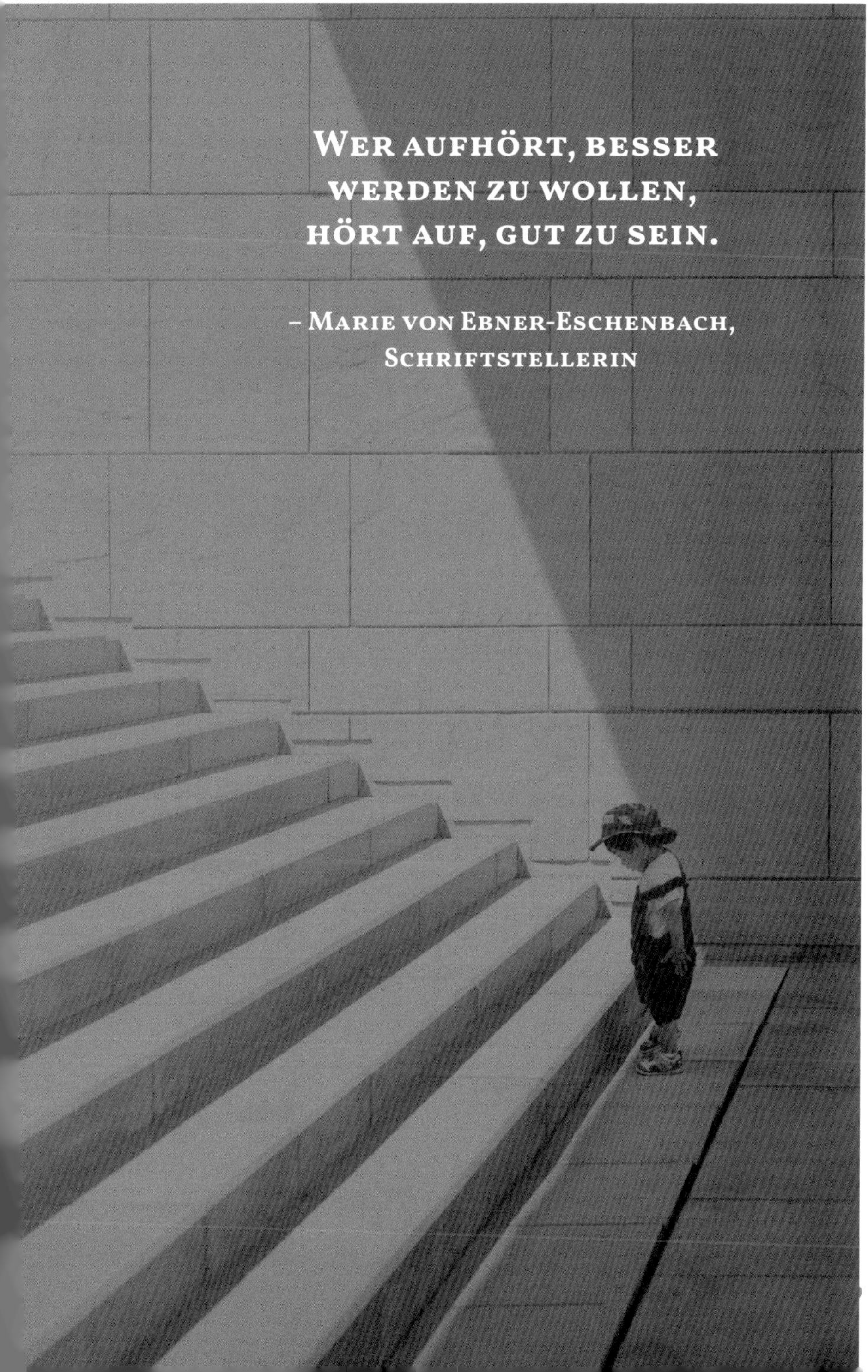

Wer aufhört, besser werden zu wollen, hört auf, gut zu sein.

– Marie von Ebner-Eschenbach, Schriftstellerin

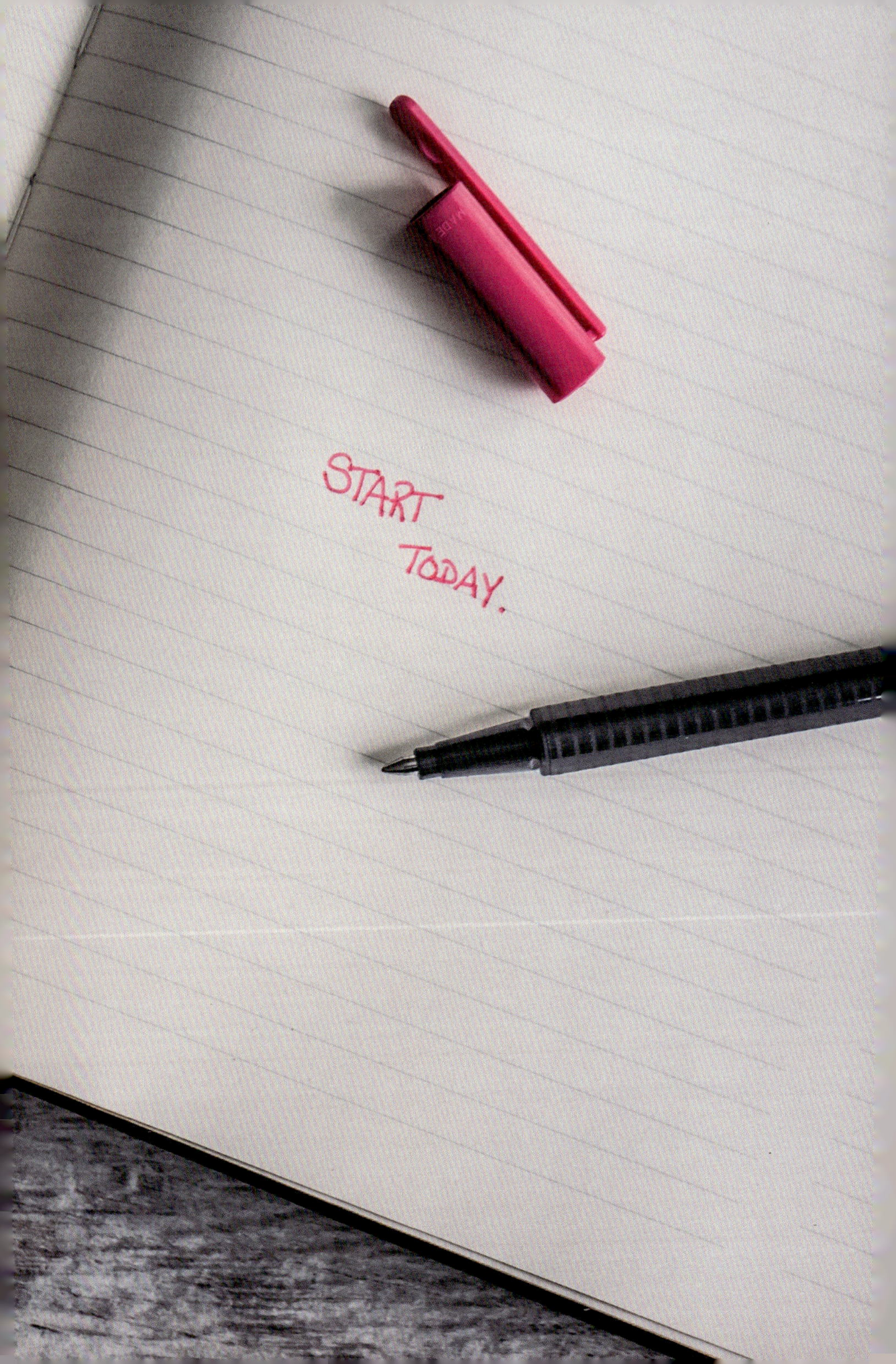
START
TODAY.

7 Schritt #7 – Auf ein Neues

7.1 Die Extra-Meile

Es gibt noch einen weiteren Schritt, den du gehen kannst, um das finanzielle Potenzial deiner Songs weiter zu erhöhen, bevor du einen neuen Song schreibst. Ich habe beschlossen, diesen Tipp in das letzte Kapitel – nach dem Motto "last but not least" – zu packen, da ich der Meinung bin, dass es sich immer auszahlt, das Folgende zu tun: Gehe die extra Meile!

Was ich damit meine ist, dass es immer Wege geben wird, das Potenzial deiner Songs noch weiter zu steigern, selbst wenn sie bis jetzt in diesem Buch noch nicht erwähnt wurden. Ich versuche zum Beispiel manchmal bei einem Videodreh eines Künstlers zu unterstützen, selbst wenn das bedeutet, dass ich bloß den Sonnenreflektor im Hintergrund halten darf. Es gibt eben immer etwas, mit dem ich meinen Partnern zeigen kann: „Hey, we're in this together!". Ich war auch schon die wandelnde Garderobe und habe dem Künstler das richtige Gewand für die richtigen Szenen nachgetragen. Und? Denkst du, ich bin mir dafür zu schade? Nein, im Gegenteil! Wenn ich nach so einem Tag nach Hause komme, fühle ich mich großartig. Wir hatten dann immer superviel Spaß am Set und haben gemeinsam an einem tollen Endprodukt gearbeitet. Übrigens … dreimal darfst du raten, wen dieses Team nach meiner jüngsten Unterstützungsaktion bei einem Videodreh für den nächsten Song kontaktiert hat. Mich!

Einige Songwriter, die ich persönlich kenne, machen solche Sachen nicht, weil sie sich nicht augenscheinlich rentieren oder so, aber es gibt Momente, da geht es eben nicht um die Abrechnung. Wenn ich daran denke, wie viele lukrative Projekte ich aufgrund von rationalen und finanziellen Überlegungen niemals hätte machen sollen, hätte ich wohl auf einen Großteil meiner Tätigkeiten der letzten Jahre verzichten müssen. Das wäre aber Schwachsinn gewesen, weil ich in vielerlei Hinsicht eine super Zeit hatte. Wenn ich von der Extra-Meile spreche, dann rede ich immer davon, dass deine Künstler von dir das gesamte Paket erhalten sollten: Dein Songwriting … und dich!

7.2 Bewusste Wiederholung

In seinem Bestseller-Buch: „The Millionaire Fastlane“ schreibt der Autor M. J. DeMarco, dass die bewusste Wiederholung (Intentional Iteration) sogar eines geringen Erfolges unweigerlich zu einem großen Erfolg führen wird. Er meint, mit bewusster Wiederholung ein und denselben Prozess immer wiederkehrend anzufangen und zu beenden, bis am Schluss ein erwünschtes Ziel erreicht wird. Er benützt als Beispiel ein Haus, in das ein Investor investiert: Dieses eine Haus wird den Investor zwar mit einer jährlichen Rendite erfreuen, aber ein Haus alleine ist zu wenig, um des Investors Ziel – die finanzielle Freiheit – zu erreichen. Wenn derselbe Investor diesen Prozess des Hauskaufens und Vermietens allerdings mehrfach und fortlaufend wiederholen kann, wird er sein Ziel erreichen. Er wird finanziell frei werden.

Ein A&R-Manager von Universal Music hat mir einmal erzählt, dass es selbst für die erfolgreichsten Plattenfirmen schier unmöglich sei vorauszusagen, welche Songs erfolgreich sein werden und welche nicht. Es sei immer das Publikum, das diese Entscheidung trifft. Ich stimmte vollends zu. Ich habe selbst schon einige Songs geschrieben, denen ich ein gewisses Hit-Potenzial zugeschrieben hatte, aber diese Wellen der Euphorie sind oft schneller abgeflaut, als mir lieb war. Ich würde zwar sagen, dass ich mit der Zeit besser darin wurde zu erahnen, wie gut oder schlecht ein Song ankommen würde, aber ob sich diese Vermutungen bewahrheiten, zeigen immer erst die darauffolgenden Monate und Jahre. Ich bleibe einfach dran und versuche, fortlaufend meine Songwriting-Prozesse zu wiederholen, um vor allem auch mehrere Kanonen zu haben, aus denen ich bei gutem Wind feuern kann.

Sogar den erfolgreichsten Investoren der Welt geht es nicht anders. Warren Buffet, der drittreichste Mann der Welt im Jahr 2018 (nur hinter Jeff Bezos von Amazon und Bill Gates von Microsoft), hat in

Interviews mehrfach erwähnt, dass auch er bereits einige Investments komplett in den Sand gesetzt hat. Mit jedem Investment hat er allerdings dazugelernt. Solange er nur seiner Strategie folge und bewusst und fortlaufend das tue, was er bereits tat, werde es ihm den gewünschten Investmenterfolg bringen. Siehe da. Hat es.

Wenn du aus deinem Songwriting also Cash machen möchtest, kannst du genau das Gleiche tun. Wenn du einen Song geschrieben hast, warte erst gar nicht auf dessen Erfolg. Werde stattdessen erneut kreativ und erschaffe eine neue Geschichte und eine neue Melodie für einen neuen Künstler. Jeder Song bietet dir die Möglichkeit, etwas Besonderes zu schaffen. Ich sehe das Songwriting ein bisschen wie eine Diamantenmine, in der ich immer wieder graben kann. Manchmal nur, um ein paar Kohlesteine freizulegen, aber hin und wieder kommt eben auch ein Diamant zutage. Ich werde außerdem immer besser darin, in dieser Mine zu schürfen. Ich lerne neue Strategien, neue Reim-Schemen, neue Melodieverläufe und sammle Ideen für krasse Hooklines. Um also dem Modell der bewussten Wiederholung zu folgen, brauchst du das Rad nicht jedes Mal neu zu erfinden. Es reicht, die folgenden Schritte der Reihe nach und immer wiederkehrend durchzuführen:

Schreibe einen Song > lerne mit jedem Schritt dazu > wende das neu Gelernte bei deinem nächsten Song an.

So einfach ist das.

7.3 Das Songwriting-Paradoxon

Der letzte Hinweis, den ich für dich als Songwriter habe, ist das, was mich jeden Tag von neuem dazu antreibt weiterzumachen. Obwohl es sehr offensichtlich erscheint, ist mir wichtig, dass ich diesen Punkt betone, damit meine finale Message dich auch wirklich erreicht.

Das Songwriting-Paradoxon ist ein vermeintlicher Widerspruch, dessen wahre Wirkung nur sehr wenigen Songwritern bewusst ist. Es ist der Gedanke, dass der Abschluss eines Songs so schnell wie möglich in den Beginn eines neuen Songs münden sollte, damit du den Vorteil des Momentums vollständig ausschöpfen kannst. Wie schon Isaak Newtons erstes Gesetz der Bewegung besagt: Ein Körper behält seine Geschwindigkeit so lange bei, wie er nicht durch äußere Kräfte gezwungen wird, seinen Bewegungszustand zu ändern.

Du siehst also: Du kannst deinen Flow nur dann verlieren, wenn du oder jemand anderes dafür sorgt. Tu das einfach nicht. Wenn du beim Komponieren bist – bleib dabei. Ganz egal, ob dein neuer Titel nun fertig ist oder du noch mittendrin hängst. Es ist deshalb ein Paradoxon im Songwriting, weil eben jedes Ende einen neuen Anfang „anzieht". Lass mich das weiter erklären:

Mit jedem Song, den du geschrieben hast, bist du besser darin geworden, ebendas zu tun. Du findest neue Strategien, neue Songstrukturen, neue Texte und so weiter. Da deine Songs deine eigenen Kreationen sind, hast du sie sozusagen alle erfunden. Denk doch mal darüber nach: Wenn du einen neuen eigenen Song schreibst und der anders ist als alle anderen (was er schließlich sein muss, um ein eigenständiges urheberrechtliches Werk zu sein), dann hast du damit inhärent etwas getan, dass du noch nie zuvor getan hast.

Da es wissenschaftlich bewiesen ist, dass Menschen am meisten dabei

lernen, wenn sie Dinge tun, die sie noch nie zuvor gemacht haben, bedeutet das, dass deine Lernkurve mit jedem neuen Song extrem steil ansteigt. Genau diese Erfahrung ist das, was dafür sorgen wird, dass deine Chancen auf einen noch besseren Song beim nächsten Versuch eben noch höher sind. Es ist beinahe so wie bei einem Perpetuum Mobile, das alleine dadurch effizienter wird, indem es das tut, was es am besten kann: das Momentum aufrecht zu erhalten.
Da das Songwriting-Paradoxon für mich absolute Gültigkeit hat, muss ich mir die Frage stellen: Warum sollte ich jemals mit dem Songwriten aufhören?! Da wir Songwriter mit jedem fertigen Song besser darin werden zu schreiben, sollten wir das exakte Gegenteil tun: Wir gehen zurück zum Anfang und erschaffen ein neues Werk. Unsere Chancen, einen tollen Song zu schreiben, werden nämlich viel besser sein als jemals zuvor.

Dieser Mindset, das Songwriting-Paradoxon mit all seinen Facetten auszuschöpfen, wird dafür sorgen, dass auch du ein Momentum aufbauen können wirst. Genau dieses Momentum wird schneller als dir lieb ist dafür sorgen, dass Songwriting für dich zum großen Erfolg wird. Für dich persönlich und für deinen Kontostand.

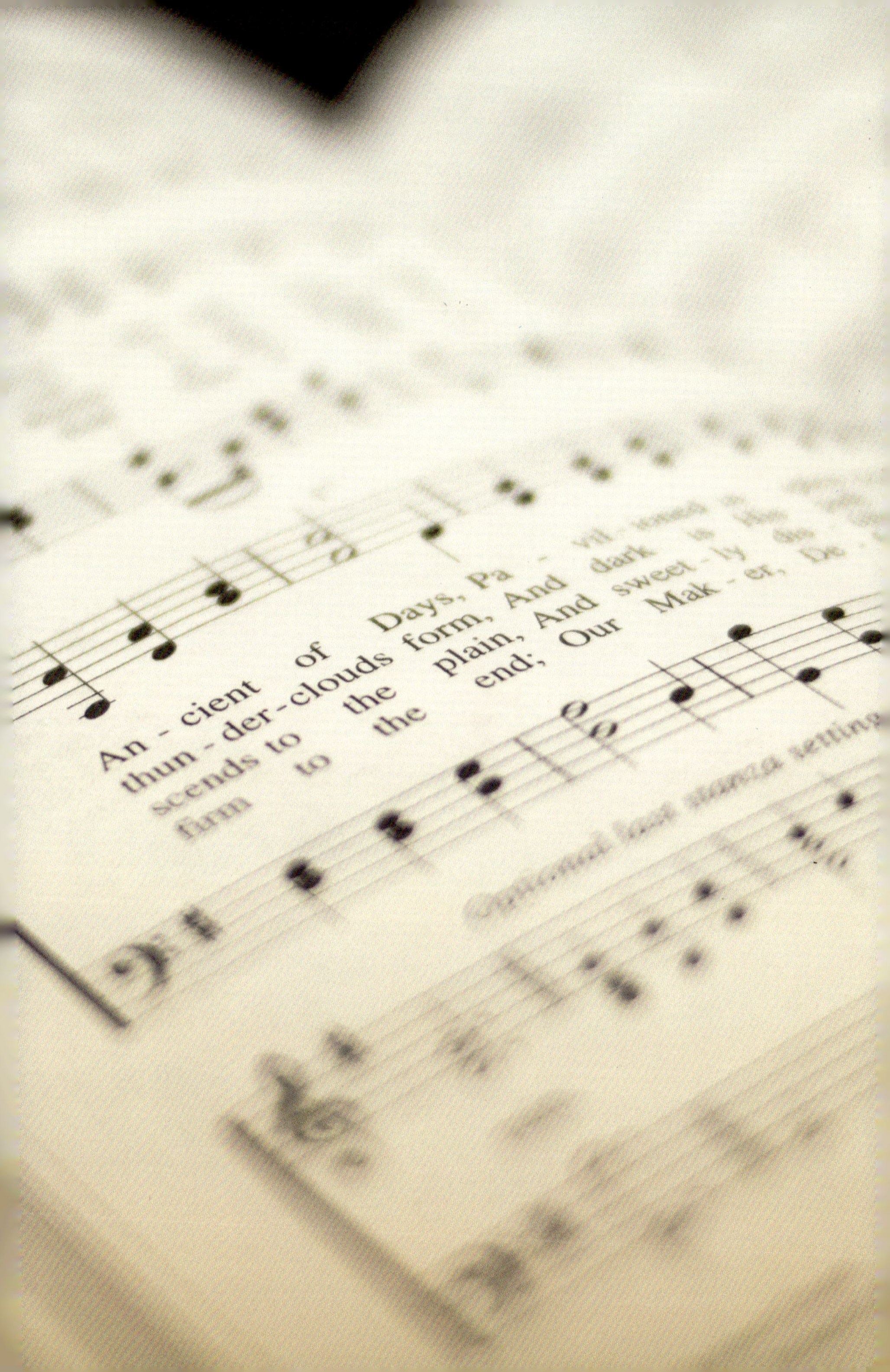

An - cient of Days, Pa -
thun - der - clouds form, And dark
scends to the plain, And sweet - ly
firm to the end; Our Mak - er,
Optional last stanza setting

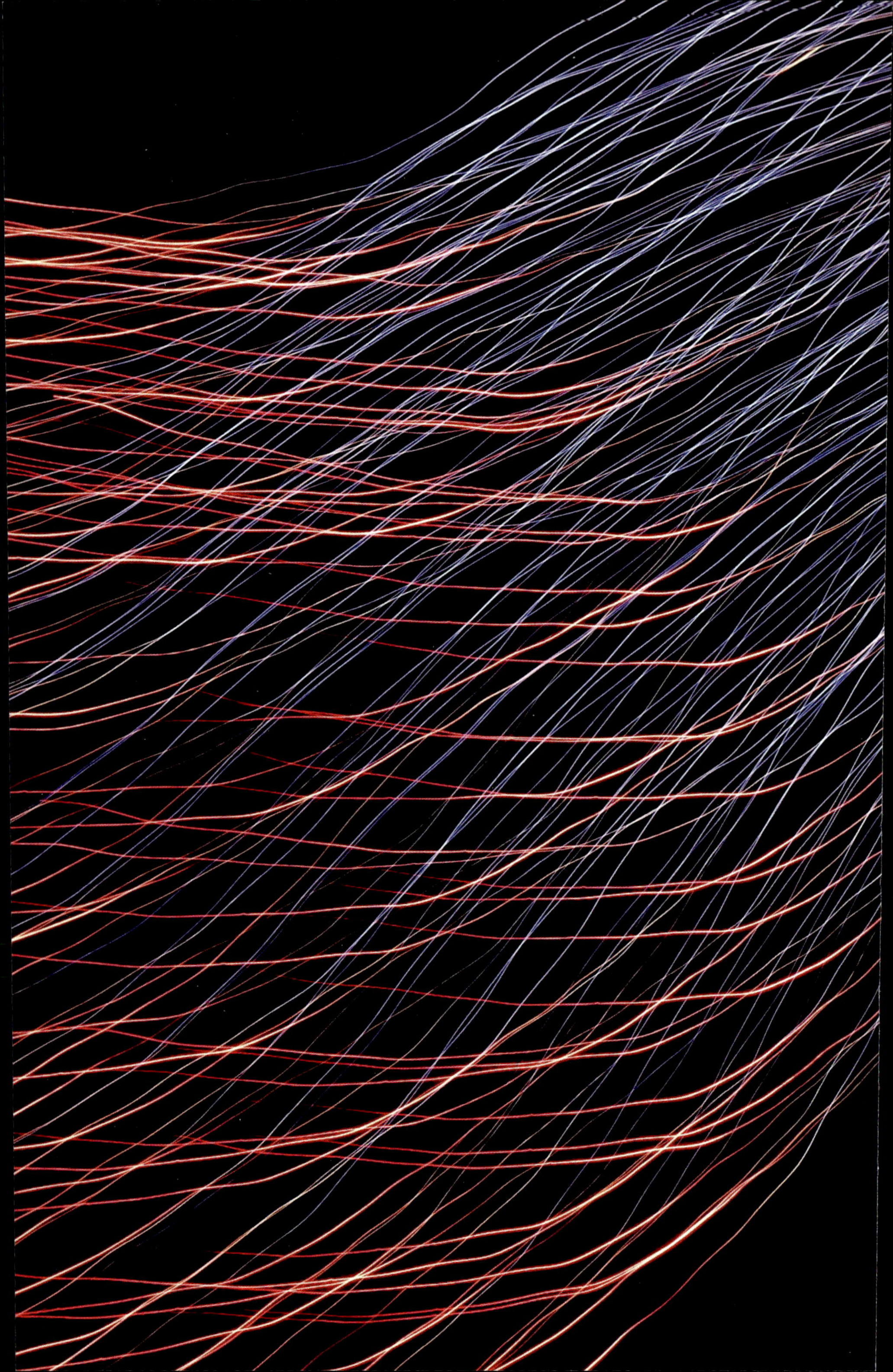

Lass uns zusammenfassen, was dein finanzielles Potenzial von Schritt #7 erhöht

1. Suche nach Möglichkeiten, die Extra-Meile zu gehen.

2. Verwende den Prozess der bewussten Wiederholung.

3. Denke an das Songwriting-Paradoxon. Es wird dir riesige Vorteile bringen.

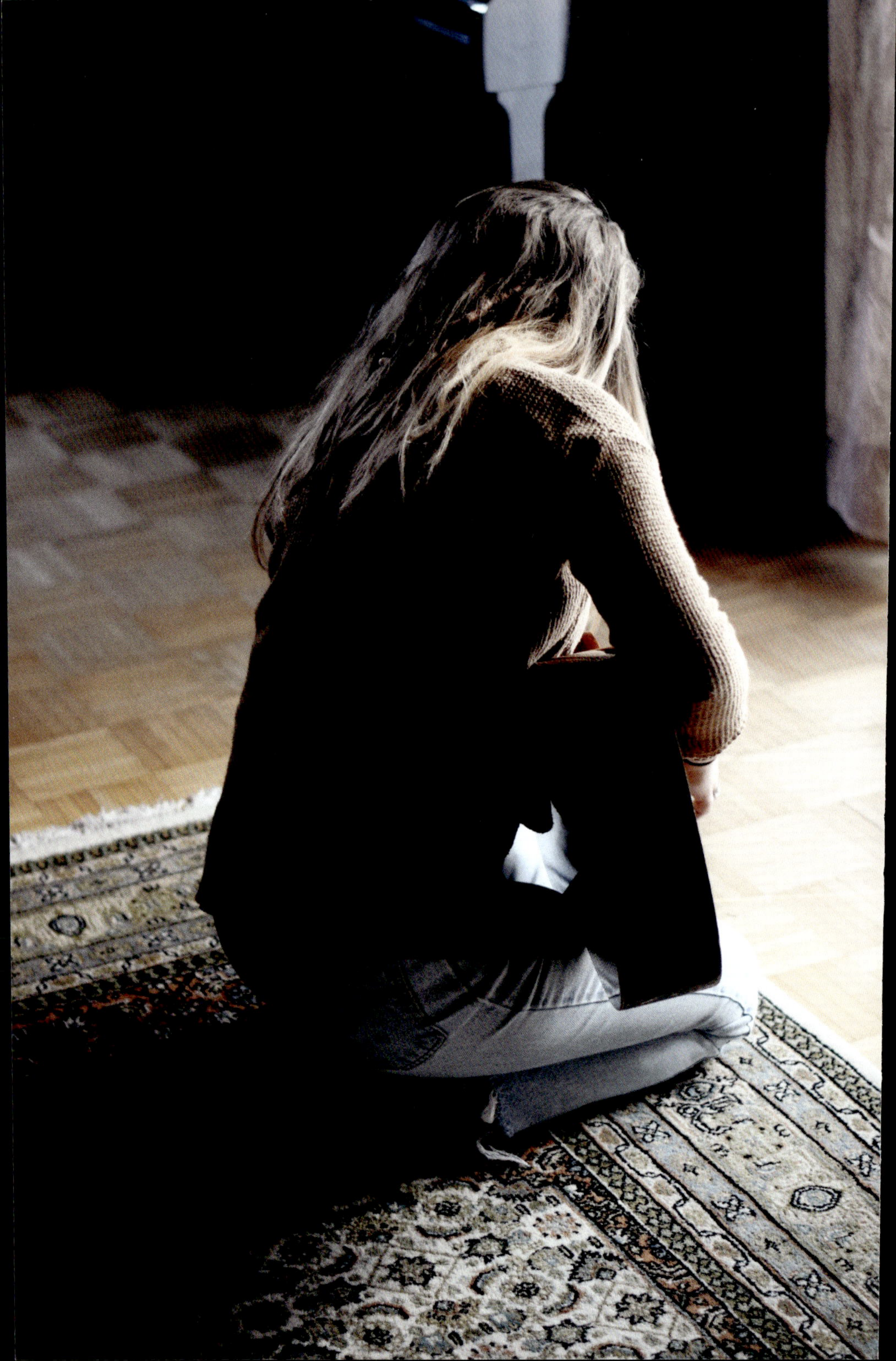

8 Finally …

Ein ganz besonderes Dankeschön meinerseits geht direkt über den großen Teich zu einem tollen Menschen und kreativem Superhirn. M.J. Cramer (ma crazy gurl from da boston-crew) hat mich bei diesem Buch so wunderbar unterstützt, dass ich genau weiß: Ohne sie wäre dieses Werk nicht zu dem geworden, was es heute ist. Ein Buch, dass viele Songwriter auf dem Weg zu ihrem Ziel unterstützen wird.

1000 DANK!

Obwohl dieses Buch von uns geschrieben wurde, um die finanzielle Seite der Songwriting-Kunst zu beleuchten, möchte ich darauf hinweisen, dass ich nicht denke, dass es eine gute Idee wäre, Songwriting ausschließlich des Geldes wegen zu betreiben. Ich bin überzeugt, dass es sehr viele andere Wege gibt, mit denen man leichter an große Geldmengen herankommen kann. Für mich geht es im Songwriting nicht um Geld. Beim Songwriting geht es um Leidenschaft. Ich habe die absolute Gewissheit, dass ich mit dem heutigen Tag noch immer Songs schreiben würde, selbst wenn ich noch nicht einen einzigen Cent damit verdient hätte.

Und abschließend: Ich wünsche dir das Allerbeste auf deinem Weg, ein erfolgreicher Songwriter zu werden – auch auf einem finanziellen Level, wenn das für dich erstrebenswert ist.

Wenn du Fragen hast oder mich kontaktieren möchtest, freue ich mich, wenn du auf meinem exklusiven Songwritingblog
www.emanueltreu.at/blog
vorbeischaust oder auch über mein Musiker-Mentoren-Team unter
www.emanueltreu.at/mentoring,
an die Antworten auf deine Fragen rankommst.

Du kannst mir gerne auch auf Facebook oder Instagram **(@emisongs)** folgen, um vielleicht auch umgekehrt mich auf dem Laufenden darüber zu halten, was sich in deiner Welt des Songwritings bei dir so alles tut. Vor allem interessiert es mich immer zu hören, wie deine Entwicklung als Songwriter vonstattengeht, welche Ziele du hast und ob und wie du die Tipps aus diesem Buch erfolgreich umsetzen konntest. Wenn du Freude am Lesen hattest, empfehle ich dir hiermit noch gerne weitere, von mir für Musiker geschriebene Bücher:

» **Erfolgreich, aber rasch! – Wie Musiker mit weniger Aufwand schneller ihre Ziele erreichen**
» **Finanztipps für Musiker – Wie du deine kreative Karriere auf goldene Eckpfeiler baust**

Solltest du dieses Buch über Amazon bezogen haben, würde ich mich auch über eine Bewertung von dir freuen. Du würdest mir damit eine riesige Freude bereiten.

Das war's vorerst, lasst uns weiterhin gemeinsam neue Musik erfinden und mit der Welt teilen. Ach wie klingt das doch cool! Ach ja … und vergiss niemals auf das Wichtigste:

Keep on Songwriting, Emi

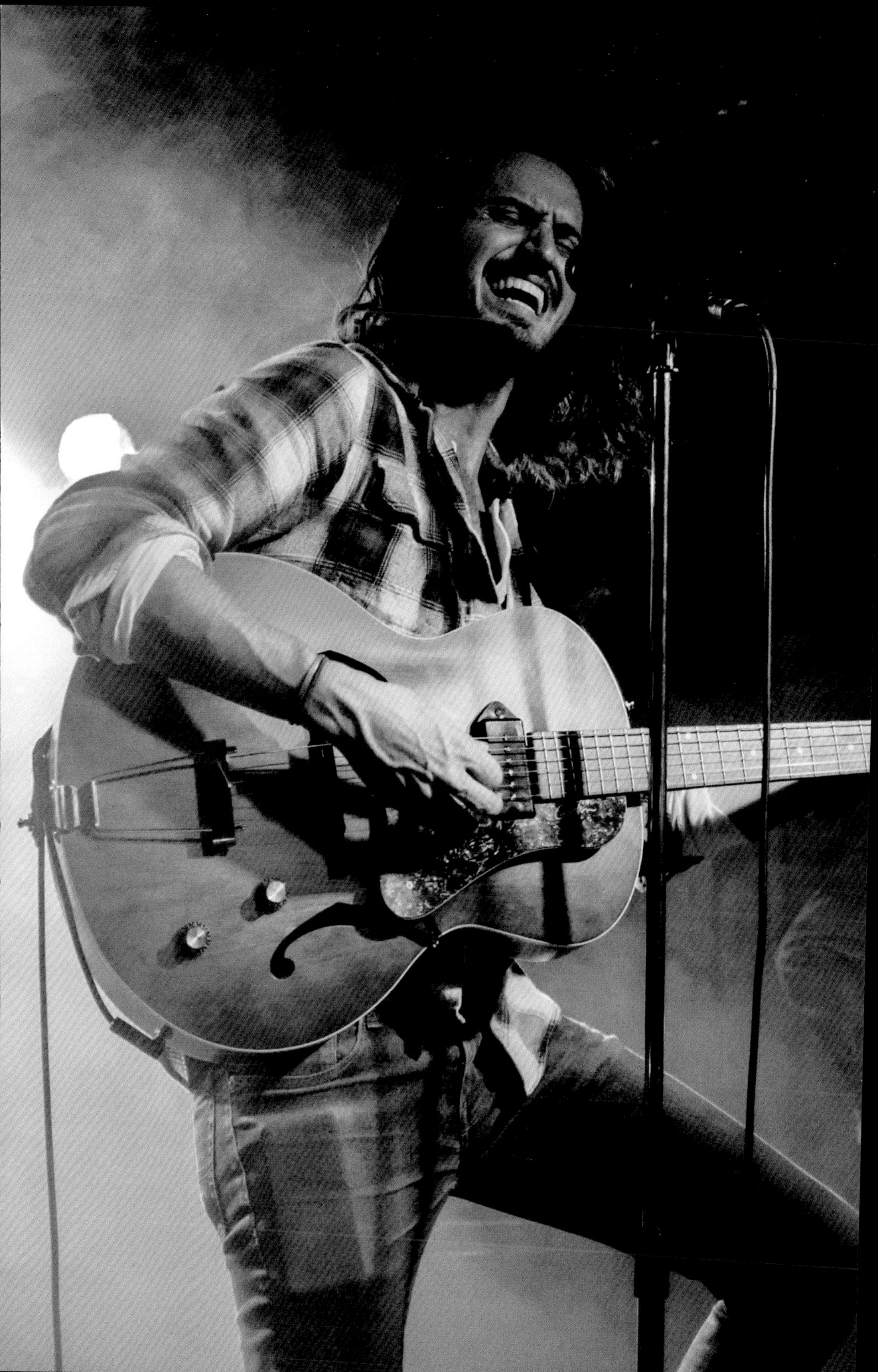

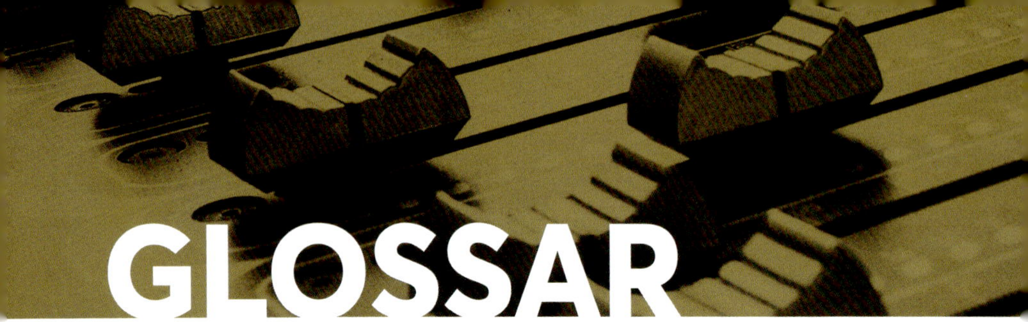

GLOSSAR

Tantiemen
Wenn jemand deine Songs verwendet, muss er dafür Lizenzgebühren zahlen. Die an dich davon weitergeleiteten Gelder nennt man Tantiemen.

Urheber
Der Entwickler einer Sache mit eindeutiger Schaffenshöhe z. B. ein Songwriter, der einen eigenständigen Song geschrieben hat.

Geistiges Eigentum
Eine immaterielle Schöpfung mit eindeutiger Schaffenshöhe. Der Urheber ist Besitzer des geistigen Eigentums, einer Sache, die er selbst erdacht hat.

Hookline
Der Teil eines Musikstücks, der sich wie ein Haken in deinem Ohr festsetzt. Die Stelle, die Ohrwurm-Charakter hat. Meistens der Refrain oder Teile davon.

Musik-Business
Die gesamte Musikindustrie, bestehend aus Musikern, Plattenfirmen, Aufritts-lokalen, Radiosendern, Tonstudios etc.

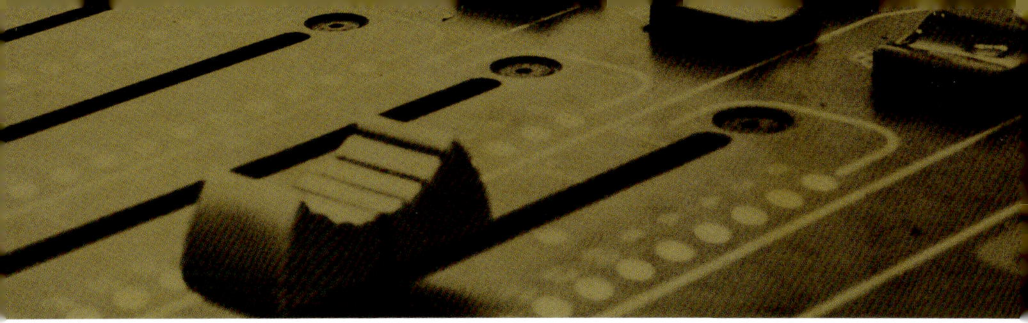

Songwriting-Business	Der Teil der Musikindustrie, der sich mit der Entwicklung, Produktion, Vermarktung und dem Verkauf von Songs beschäftigt, also Songwriter, Verlagshäuser, Plattenläden, Tonstudios etc.
Songtrepreneur	Achtung! Selbsterfundener Begriff für einen Songwriter, der professionell wie ein Unternehmer agiert.
Mindset	Die entsprechende geistige Haltung, die richtige Einstellung.
Compilation-CDs	Vom englischen Wort to compile > zusammenstellen. Eine CD, auf der eine Zusammenstellung von bestimmten Liedern für ein neues Hörerlebnis sorgt. Oft die aktuellen Singles der Stars z.B. Bravo-Hits.
Learning-by-doing	Lernen durch den Prozess der praktischen Ausübung einer Tätigkeit. Aus meiner Sicht die beste Lernform beim Songwriting.

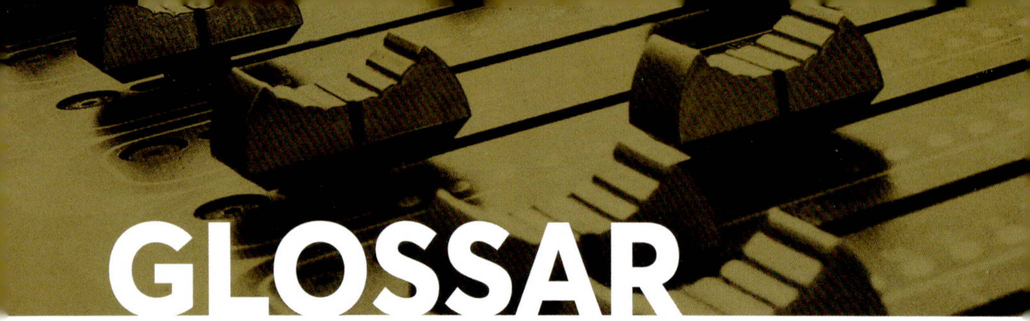

GLOSSAR

Effizienz

Beschreibt den Grad der Fähigkeit, ein vorgegebenes Ziel in einer bestimmten Art und Weise (z. B. mit geringstmöglichem Ressourcenaufwand) zu erreichen. Weil es für den Erfolg besonders relevant ist, effizient zu sein, habe ich ein eigenes Buch über die Bedeutung dieses Wortes für Musiker geschrieben. Es heißt „Erfolgreich, aber rasch – Wie Musiker mit weniger Aufwand schneller ihre Ziele erreichen“.

One-Take

Eine Aufnahme, die gleich beim ersten Versuch gelingt, also keiner weiteren Ausbesserungen bedarf.

Demo

Die abgespeckte Demonstration eines Songs. Sozusagen ein Art Hörbeispiel. Oft mit geringem Aufwand gemacht, damit verschiedenste Entscheidungsträger eine Ahnung davon bekommen, wie ein Lied in etwa klingen könnte, wenn es ausproduziert ist.

Track

Aus dem Englischen, umgangssprachlich angewandtes Wort für: Lied, Titel, Song.

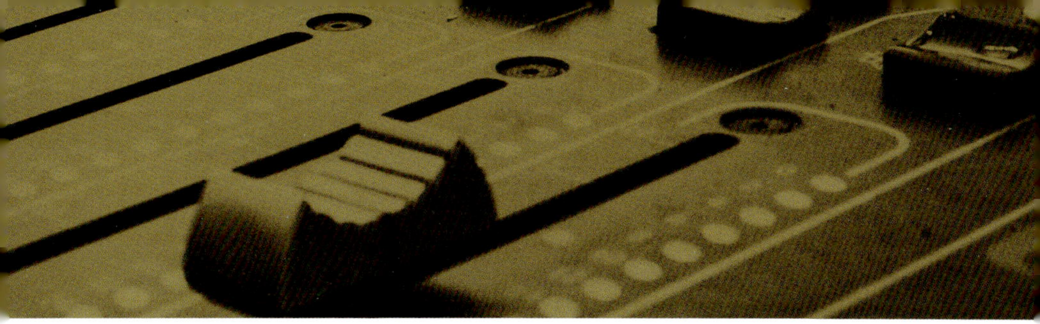

P2P-Business

Englische Abkürzung für “Person-to-Person-Business”. Eine Geschäftsbeziehung zwischen zwei einzelnen Personen. Der Verkäufer ist eine einzelne Person und der Kunde ist eine einzelne Person im Gegensatz zu z. B.:
B2B (Business to Business) oder
B2C (Business to Customer).

Cover-Version

Eine durch einen anderen Künstler neuaufgelegte Aufnahme eines bereits erstveröffentlichten Werkes.

Verwertungsgesellschaft

Interessensgemeinschaft, die sich gegen eine Aufwandsentschädigung um die Rechteverwertung einer Interessensgruppe (z. B. Urheber) kümmert.

A&R-Manager

Ein Artist and Repertoire Manager ist bei einer Plattenfirma diejenige Person, die für den Aufbau des Künstlerportfolios verantwortlich ist. Im Regelfall gilt es, diese Person zu überzeugen, wenn ein Musiker einen Plattenvertrag möchte.

EMIS

DIYs

DEIN SONG-WRITING ARCHIV

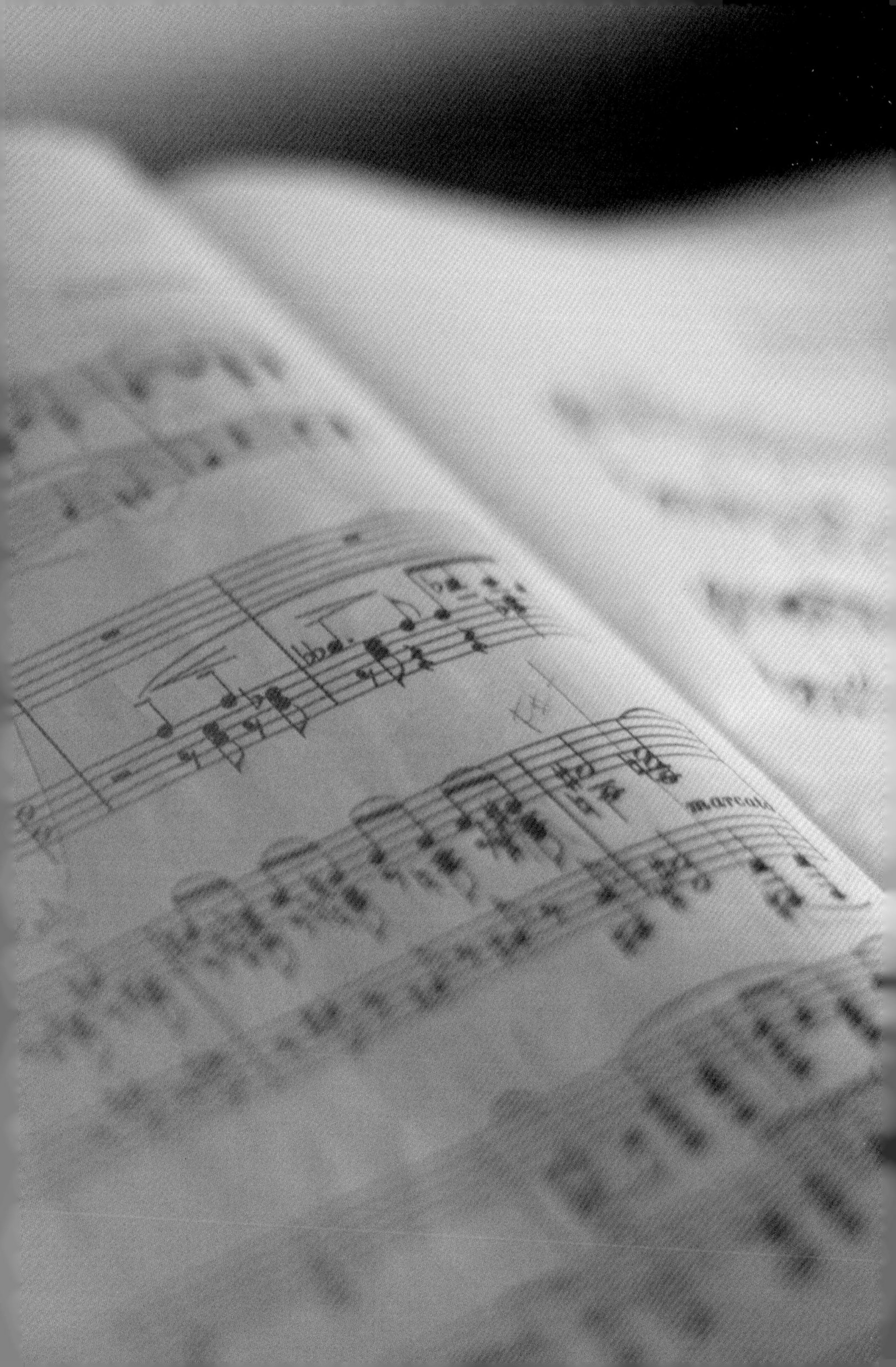

MEIN SONGWRITING-TITEL ARCHIV

Dein **Songwriting-TITEL-Archiv** ist eine genaue Aufstellung der Songs, bei denen du als Urheber beteiligt bist. Auf den folgenden Seiten habe ich dir Vorlagen erstellt, in denen du die wichtigsten Eckpunkte deiner Songs eintragen kannst. Nutze unbedingt einen Bleistift, dann kannst du das Archiv auch im Nachhinein noch bearbeiten, falls sich gewisse Parameter deiner Songs noch verändern sollten.

Die folgenden Seiten dienen dir zur Einführung in das Thema und zur Übung. Bedenke, dass deine Songs deine Produkte sind und entsprechend gepflegt werden sollten. Ich empfehle dir, dass du dir im Anschluss eine digitale Liste erstellst, die du vergleichbar führen solltest.

Zur Bedeutung der Felder:

Titel Hier trägst du den Namen deines Liedes ein.

Urheber Hier trägst du alle beteiligten Urheber, inklusive der vereinbarten Anteilsgliederung für Musik (M) und Text (T), ein.

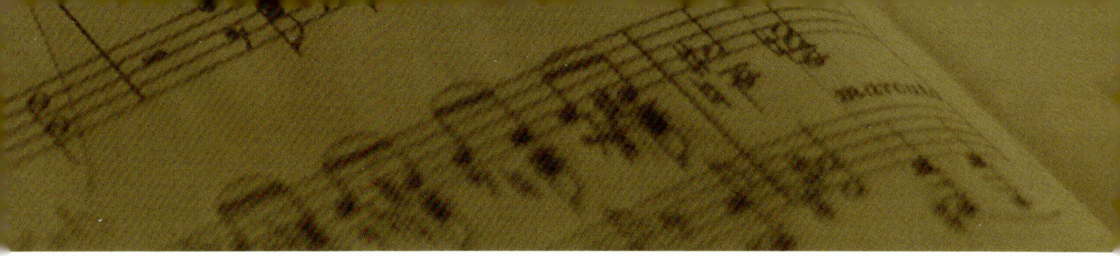

VG-Meldung
Hier trägst du ein, ob dein Song bereits bei einer Verwertungsgesellschaft gemeldet wurde. Wenn ja, bei welcher und wann.

Verlag
Hier trägst du ein, ob du für deinen Song bereits einen Verlagsvertrag unter schrieben hast. Wenn ja, bei welchem Verlag und wann.

Künstlerstatus
Hier trägst du ein, welche Künstler dir für den Titel vorschweben, welche im tatsächlichen Gespräch sind und welche bereits fixiert wurden.

Produktions-status
Hier trägst du ein, wie weit die Produktion bereits fortgeschritten ist.

Titelstatus
Hier trägst du ein, was aktuell mit dem Titel passiert z.B.: wann du den Titel jemandem angeboten hast, ob das Demo fertiggestellt werden muss oder ob der Titel bereits veröffentlicht ist. Auch ob der Titel als Single veröffentlicht wurde, kann interessant sein.

Finanzielle Aussicht
Hier trägst du ein, welche Einkommens-quellen du dir von dem Titel erwartest.

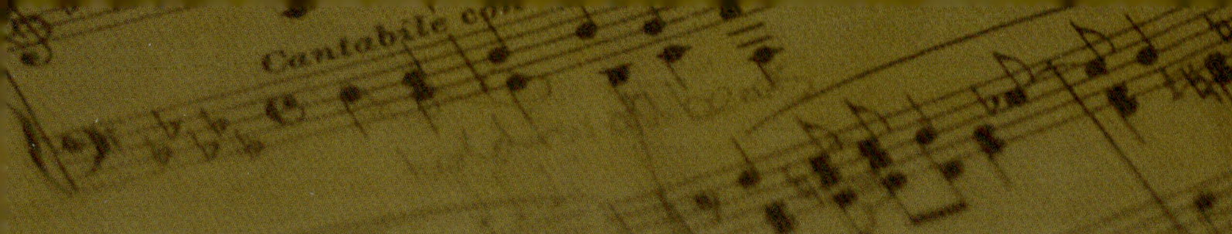

MEIN SONGWRITING-TITEL ARCHIV

Titel	My new song
Urheber	T&M: Emanuel Treu 50%, Hubert Molander 50%
VG-Meldung	Ja, Wo: AKM, Wann: 05.1.2018
Verlag	Ja, Wo: Universal Music Wann: 27.08.2018
Künstler-status	eventuell Orry Jackson
Produktions-status	Handydemo zzt. bei Produzenten in Graz
Titelstatus	☒ In Arbeit ☐ Abgeschlossen
Finanzielle Aussicht	Verkäufe, Radio, Live

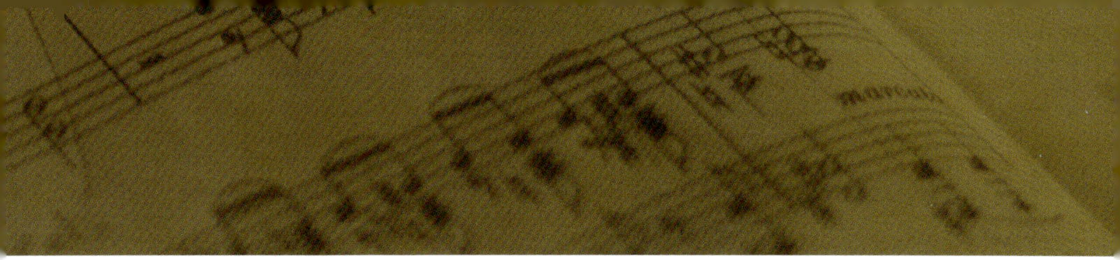

Titel

Urheber

VG-Meldung

Verlag

Künstler-status

Produktions-status

Titelstatus

☐ In Arbeit

☐ Abgeschlossen

Finanzielle Aussicht

MEIN SONGWRITING-TITEL ARCHIV

Titel

Urheber

VG-Meldung

Verlag

Künstler-status

Produktions-status

Titelstatus

- ☐ In Arbeit
- ☐ Abgeschlossen

Finanzielle Aussicht

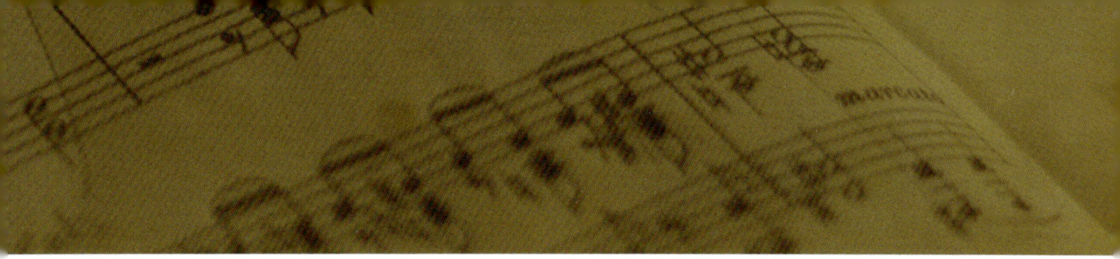

Titel

Urheber

VG-Meldung

Verlag

**Künstler-
status**

**Produktions-
status**

Titelstatus

- ☐ In Arbeit
- ☐ Abgeschlossen

**Finanzielle
Aussicht**

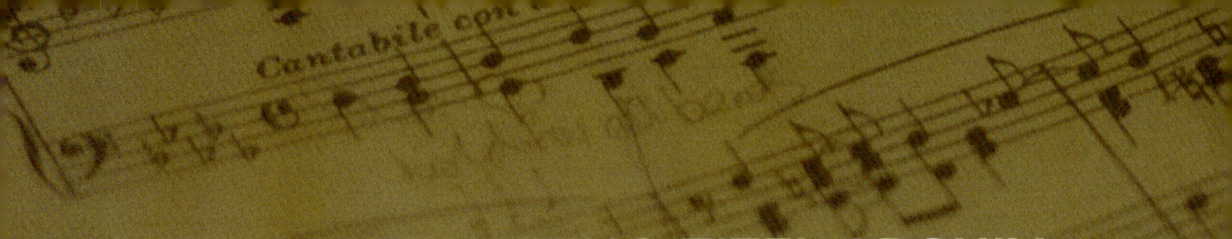

MEIN SONGWRITING-TITEL ARCHIV

Titel

Urheber

VG-Meldung

Verlag

Künstler-status

Produktions-status

Titelstatus

- [ ] In Arbeit
- [ ] Abgeschlossen

Finanzielle Aussicht

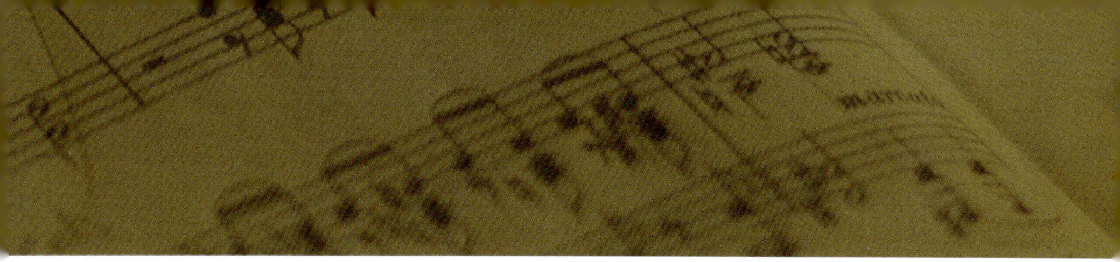

Titel

Urheber

VG-Meldung

Verlag

Künstler-status

Produktions-status

Titelstatus

☐ In Arbeit

☐ Abgeschlossen

Finanzielle Aussicht

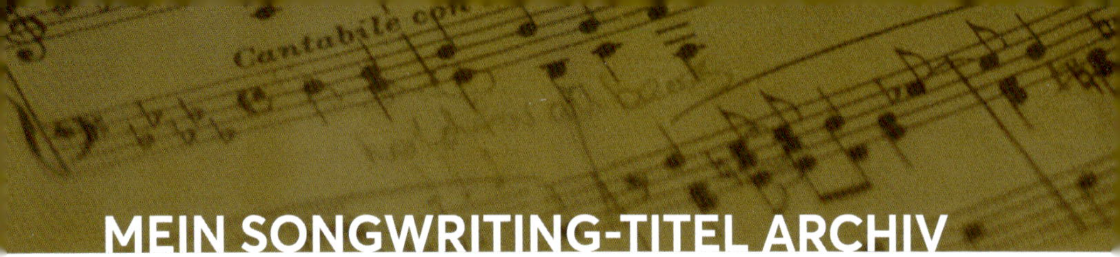

MEIN SONGWRITING-TITEL ARCHIV

Titel

Urheber

VG-Meldung

Verlag

Künstler-status

Produktions-status

Titelstatus

- ☐ In Arbeit
- ☐ Abgeschlossen

Finanzielle Aussicht

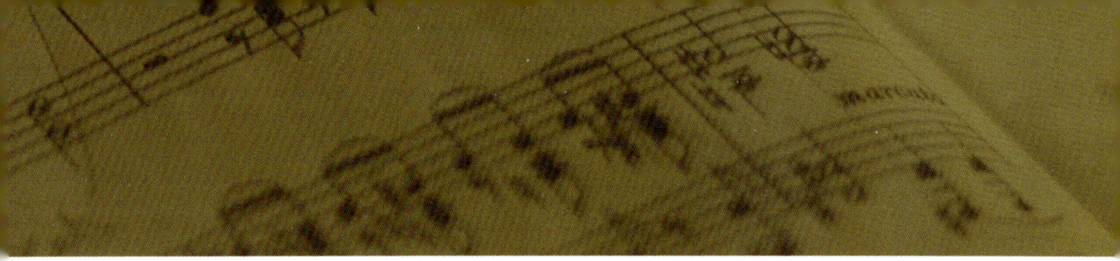

Titel

Urheber

VG-Meldung

Verlag

Künstler-status

Produktions-status

Titelstatus
- ☐ In Arbeit
- ☐ Abgeschlossen

Finanzielle Aussicht

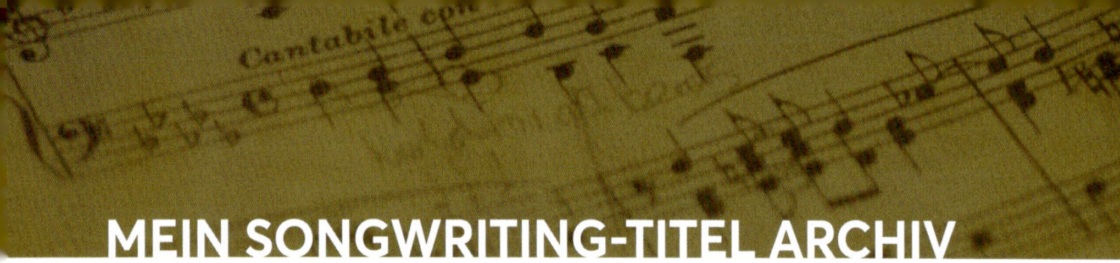

MEIN SONGWRITING-TITEL ARCHIV

Titel

Urheber

VG-Meldung

Verlag

Künstler-status

Produktions-status

Titelstatus

- ☐ In Arbeit
- ☐ Abgeschlossen

Finanzielle Aussicht

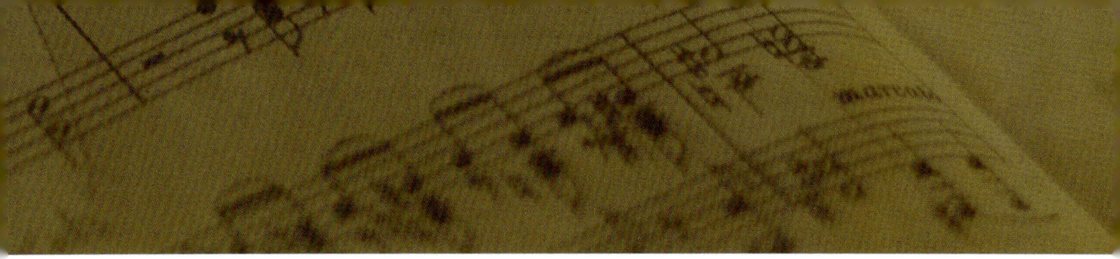

Titel

Urheber

VG-Meldung

Verlag

Künstler-status

Produktions-status

Titelstatus

- [ ] In Arbeit
- [ ] Abgeschlossen

Finanzielle Aussicht

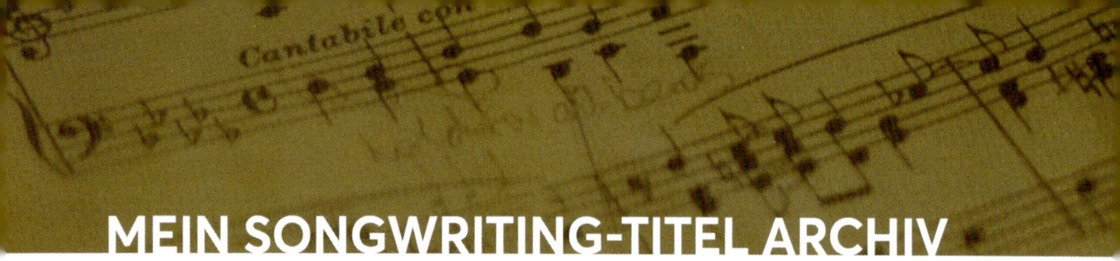

MEIN SONGWRITING-TITEL ARCHIV

Titel

Urheber

VG-Meldung

Verlag

Künstler-status

Produktions-status

Titelstatus

- ☐ In Arbeit
- ☐ Abgeschlossen

Finanzielle Aussicht

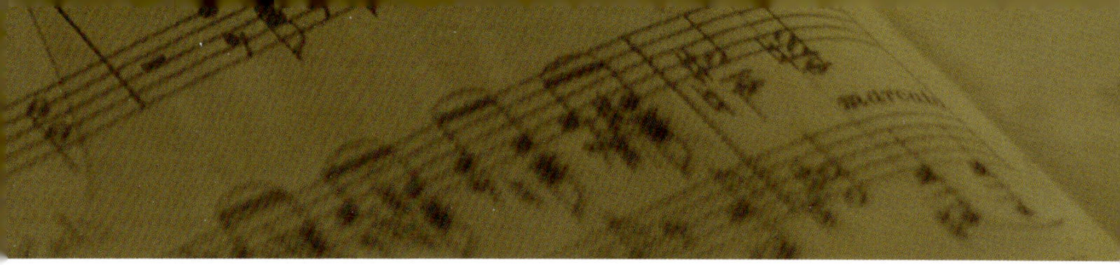

Titel

Urheber

VG-Meldung

Verlag

Künstler-status

Produktions-status

Titelstatus

☐ In Arbeit

☐ Abgeschlossen

Finanzielle Aussicht

MEIN SONGWRITING-TITEL ARCHIV

Titel

Urheber

VG-Meldung

Verlag

Künstler-status

Produktions-status

Titelstatus

- ☐ In Arbeit
- ☐ Abgeschlossen

Finanzielle Aussicht

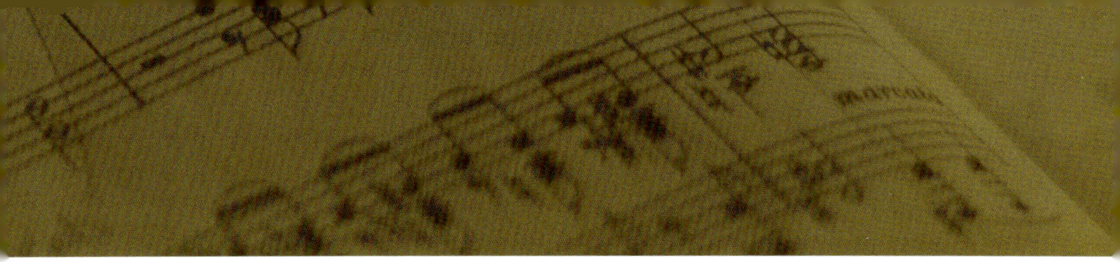

Titel

Urheber

VG-Meldung

Verlag

**Künstler-
status**

**Produktions-
status**

Titelstatus

- [ ] In Arbeit
- [ ] Abgeschlossen

**Finanzielle
Aussicht**

MEIN CO-WRITING & PARTNER-ARCHIV

Mein Co-Writing & Partner-Archiv

Dein Co-Writing & Partner-Archiv ist eine Auflistung deiner Co-Writer und deren Einflussradien sowie weiteren für dich relevanten Partnern im Musikbusiness wie Produzenten, Musiker, Managern etc. Hier führst du genau an, an welchen Projekten ihr gearbeitet habt und aktuell arbeitet. Auch Zukunftsvisionen können hier festgehalten werden. Du solltest immer Bescheid wissen, mit wem du woran arbeitest und wie der Status dieser Projekte ist.

Trage auf den folgenden Seiten also jeweils eine Person ein, mit der du kollaborierst, und schreibe dir dazu, woran du mit genau dieser Person arbeitest. Es ist mir selbst leider bereits das eine oder andere Mal passiert, dass ich die falschen Personen über Songs informiert habe, die ich gerne für andere Entscheidungsträger bereitgehalten hätte. Seitdem aber auch ich derartige Listen führe, passiert mir das nicht mehr und das hat mir einen richtigen Karriereboost verschafft.

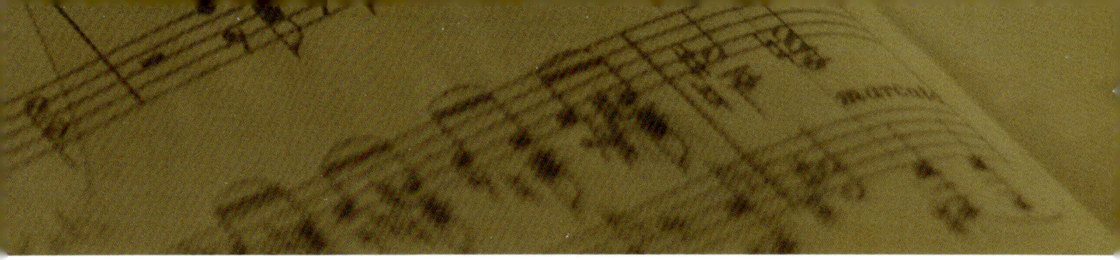

Name des Co-Writers/ Partners

Hubert Molander

Mail / Tel

bertelson@gmx.at
0043 676 580 66 20

Website

hubertmolander.com

Ist Entscheidungsträger

☐ nein
☒ ja, bei: Produktionen für große Plattenfirmen

Hat weitere Kontakte zu:

Emanuel Treu (Songwriter)
Anna Molander (Musikvideos)

Gemeinsame Songs / Projekte

Datum:	Was:	Status:
09.03.2019	Song: "Love is a liar"	Demo ist fertig
09.03.2019	Recording mit XY	Mikro kaputt

MEIN CO-WRITING & PARTNER-ARCHIV

Name des Co-Writers/ Partners

Mail / Tel

Website

Ist Entscheidungsträger

- ☐ nein
- ☐ ja, bei:

Hat weitere Kontakte zu:

Gemeinsame Songs / Projekte

Datum:	Was:	Status:

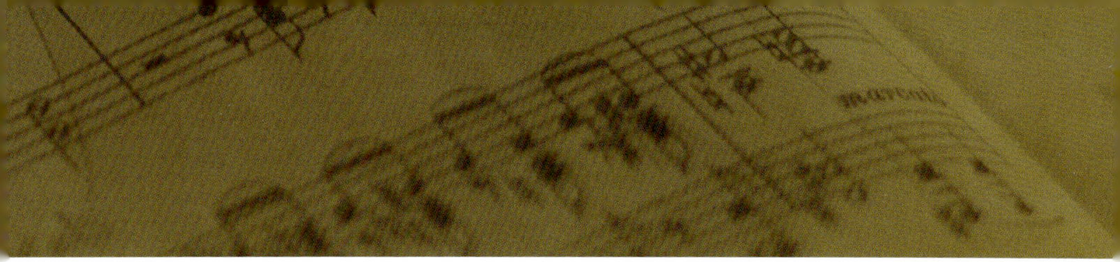

Name des Co-Writers/ Partners

Mail / Tel

Website

Ist Entscheidungsträger

- [ ] nein
- [ ] ja, bei:

Hat weitere Kontakte zu:

Gemeinsame Songs / Projekte

Datum:	Was:	Status:

MEIN CO-WRITING & PARTNER-ARCHIV

Name des Co-Writers/ Partners

Mail / Tel

Website

Ist Entscheidungsträger

☐ nein

☐ ja, bei:

Hat weitere Kontakte zu:

Gemeinsame Songs / Projekte

Datum:	Was:	Status:

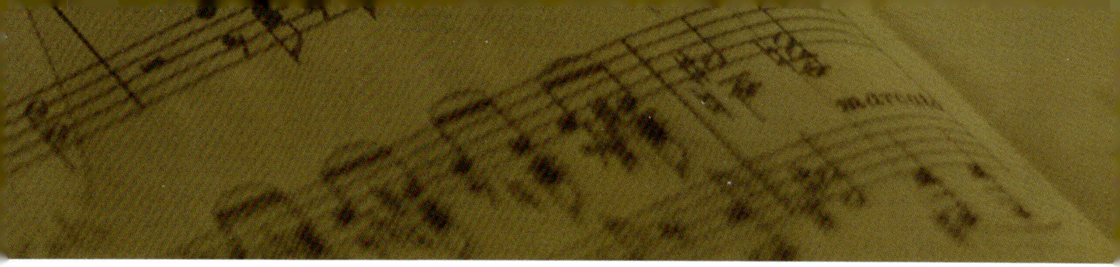

Name des Co-Writers/ Partners

Mail / Tel

Website

Ist Entscheidungsträger

☐ nein

☐ ja, bei:

Hat weitere Kontakte zu:

Gemeinsame Songs / Projekte

Datum:	Was:	Status:

MEIN CO-WRITING & PARTNER-ARCHIV

Name des Co-Writers/ Partners

Mail / Tel

Website

Ist Entscheidungsträger

- ☐ nein
- ☐ ja, bei:

Hat weitere Kontakte zu:

Gemeinsame Songs / Projekte

Datum:	Was:	Status:

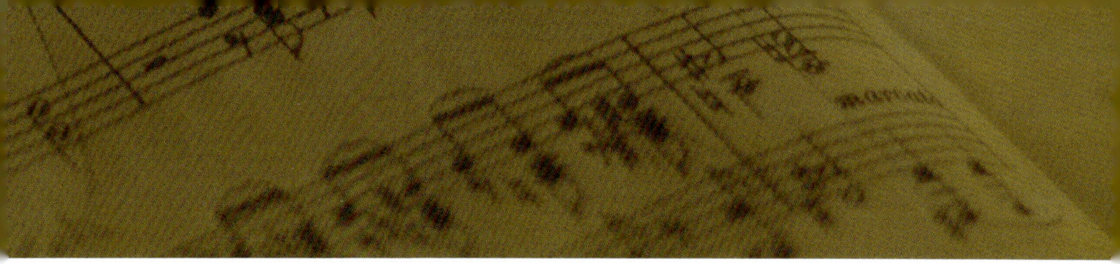

Name des Co-Writers/ Partners

Mail / Tel

Website

Ist Entscheidungsträger

- ☐ nein
- ☐ ja, bei:

Hat weitere Kontakte zu:

Gemeinsame Songs / Projekte

Datum:	Was:	Status:

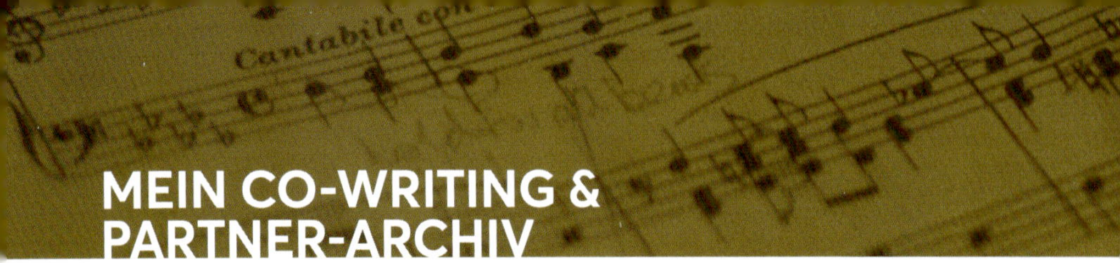

MEIN CO-WRITING & PARTNER-ARCHIV

Name des Co-Writers/ Partners

Mail / Tel

Website

Ist Entscheidungsträger

- ☐ nein
- ☐ ja, bei:

Hat weitere Kontakte zu:

Gemeinsame Songs / Projekte

Datum:	Was:	Status:

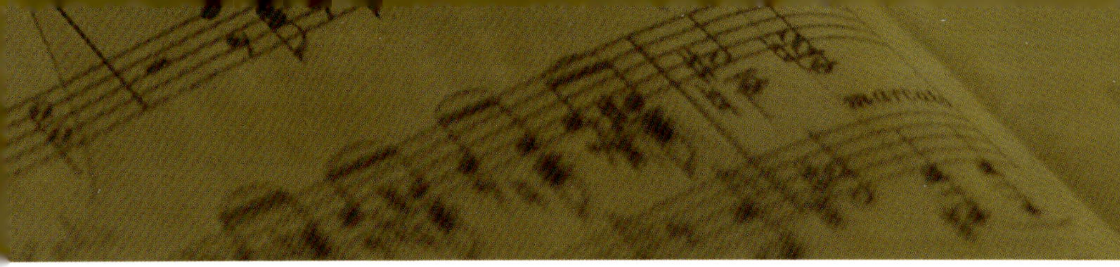

Name des Co-Writers/ Partners

Mail / Tel

Website

Ist Entscheidungsträger

- ☐ nein
- ☐ ja, bei:

Hat weitere Kontakte zu:

Gemeinsame Songs / Projekte

Datum:	Was:	Status:

MEIN CO-WRITING & PARTNER-ARCHIV

Name des Co-Writers/ Partners

Mail / Tel

Website

Ist Entscheidungsträger

- ☐ nein
- ☐ ja, bei:

Hat weitere Kontakte zu:

Gemeinsame Songs / Projekte

Datum:	Was:	Status:

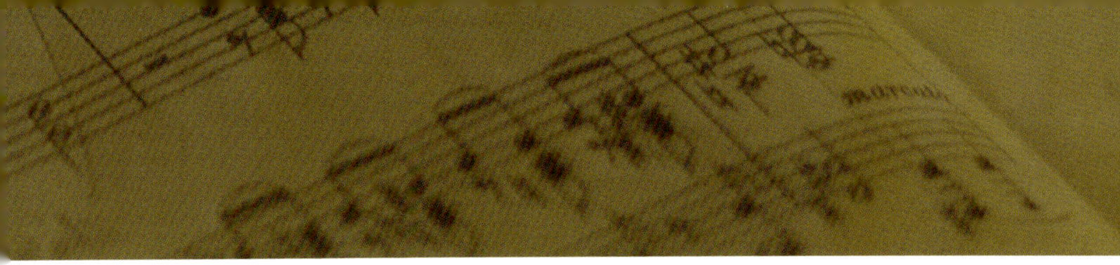

Name des Co-Writers/ Partners

Mail / Tel

Website

Ist Entscheidungsträger

☐ nein

☐ ja, bei:

Hat weitere Kontakte zu:

Gemeinsame Songs / Projekte

Datum:	Was:	Status:

MEIN CO-WRITING & PARTNER-ARCHIV

Name des Co-Writers/ Partners

Mail / Tel

Website

Ist Entscheidungsträger

- ☐ nein
- ☐ ja, bei:

Hat weitere Kontakte zu:

Gemeinsame Songs / Projekte

Datum:	Was:	Status:

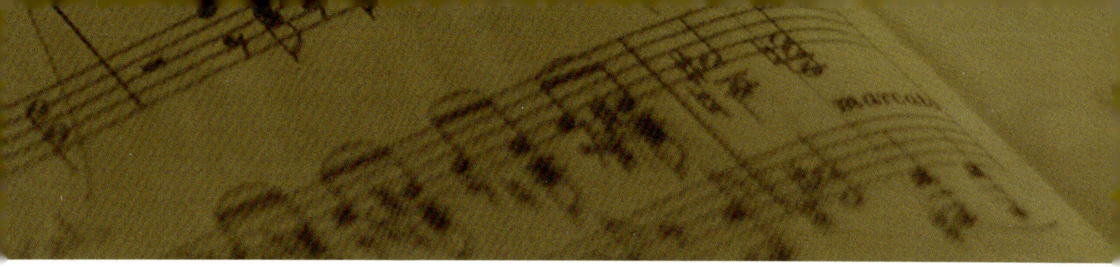

Name des Co-Writers/ Partners

Mail / Tel

Website

Ist Entscheidungsträger

☐ nein

☐ ja, bei:

Hat weitere Kontakte zu:

Gemeinsame Songs / Projekte

Datum:	Was:	Status:

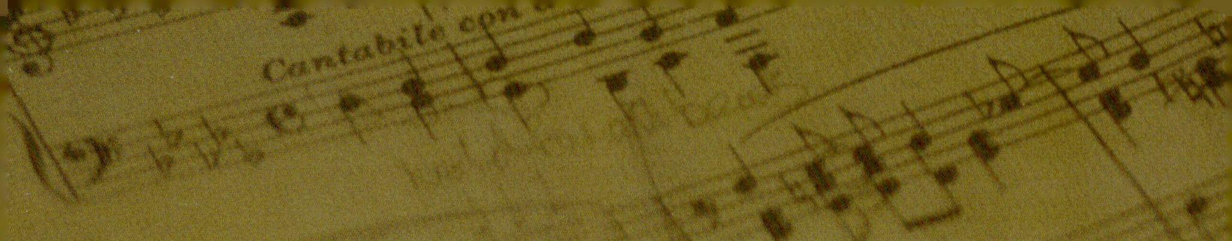

MEIN SONGWRITING-IDEEN ARCHIV

Platz für spontane & geniale Songwriting-Ideen, die so gut sind, dass ich mein Leben nicht mehr packen würde, wenn ich sie mir nicht genau hier aufschreibe und deshalb vergesse!

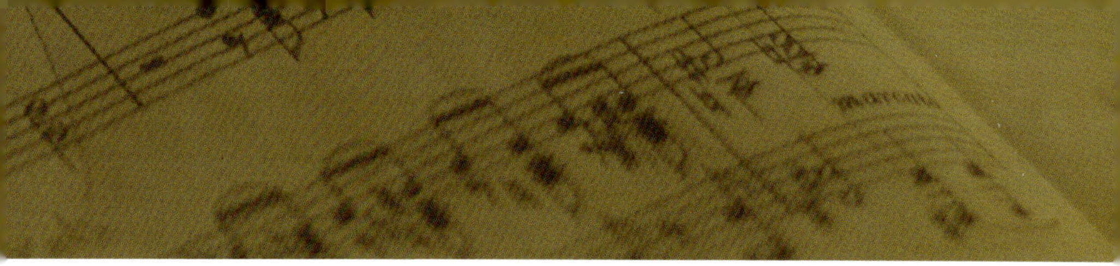

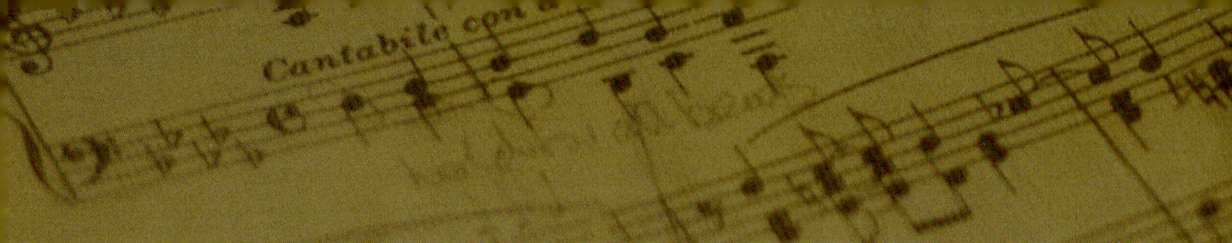

MEIN SONGWRITING-IDEEN ARCHIV

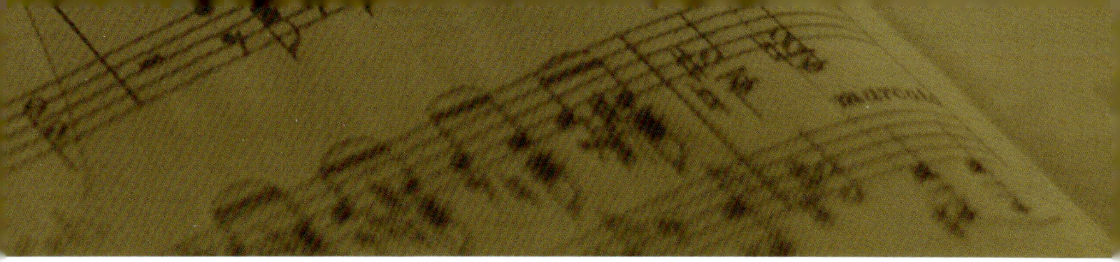

MEIN SONGWRITING-IDEEN ARCHIV

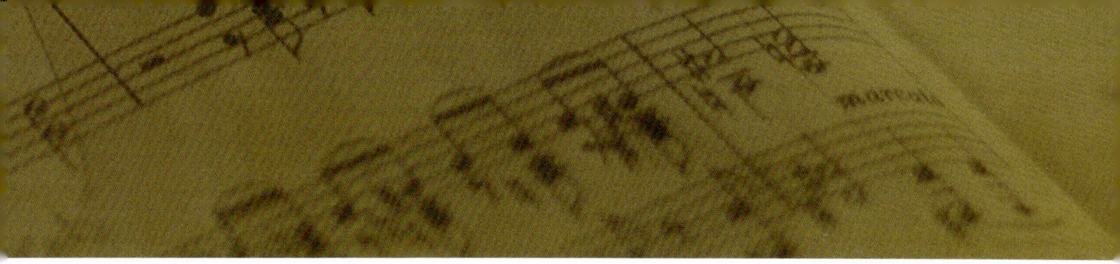

MEIN SONGWRITING-IDEEN ARCHIV

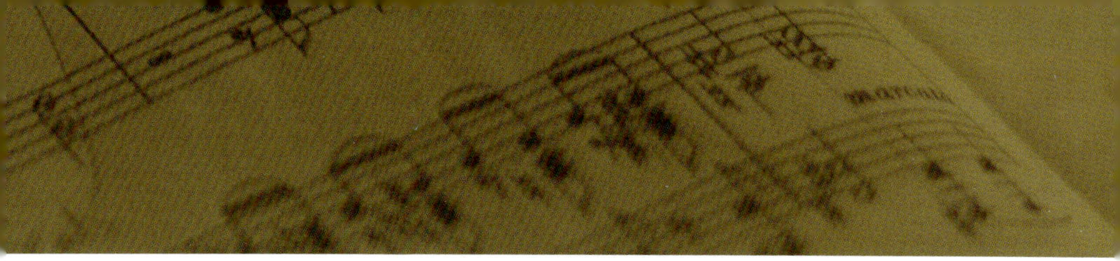

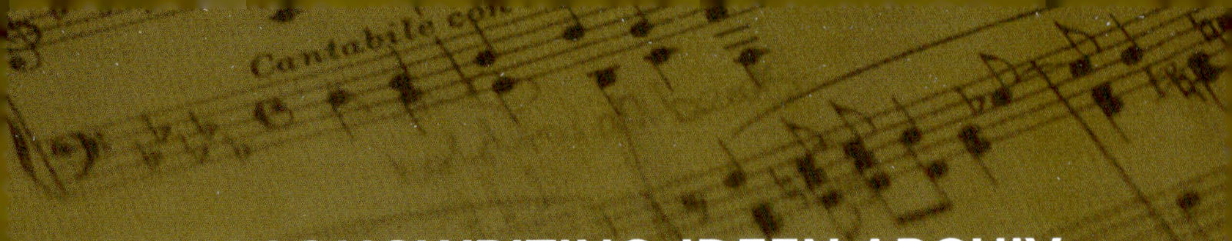

MEIN SONGWRITING-IDEEN ARCHIV

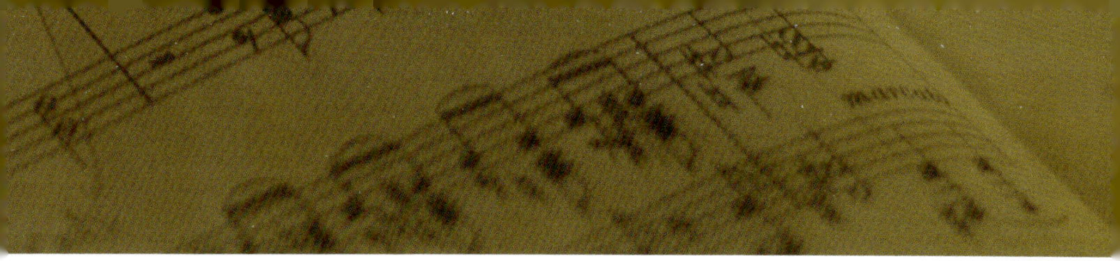

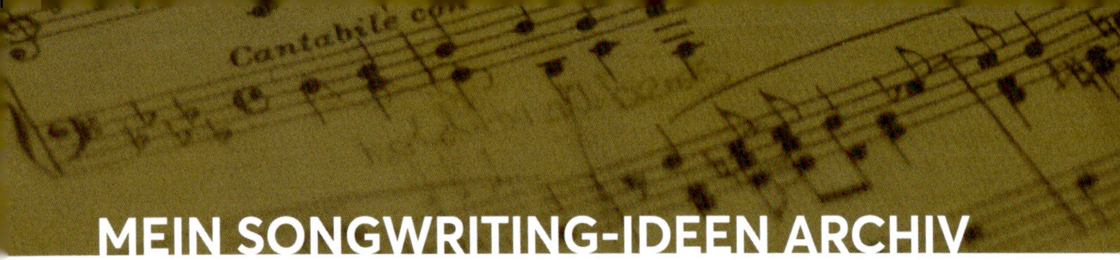

MEIN SONGWRITING-IDEEN ARCHIV

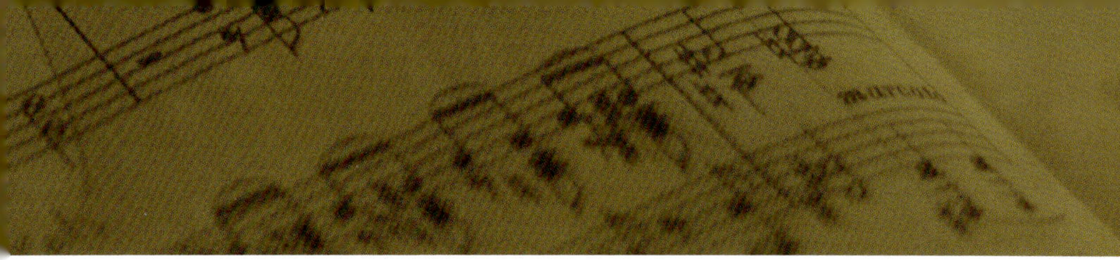

PASSWORT:

willkommen-zur-extra-meile

EXKLUSIVER BONUS!

SONGWRITING CASHFLOW – WORKSHEETS

...der kostenlose Download exklusiv für Leser dieses Buches.

emanueltreu.at/buecher/songwriting-cashflow/bonus

Als weitere Vertiefung in die Materie dieses Buches und um dich nachhaltig bei deiner Musikkarriere zu unterstützen, habe ich ein ausfüllbares Songwriting-Archiv für dich erstellt. Da ich das als wertvolle potentielle Unterstützung für dich sehe, habe ich es dir als kostenlosen Download auf meiner Website zur Verfügung gestellt. Scanne dazu einfach den obenstehenden QR-Code mit deinem Handy um den Downloadbereich auf meiner Website zu erreichen.

Ich empfehle dir eine analoge Mappe mit diesen Worksheets anzulegen, damit du deine Musikkarriere nie aus den Augen verlierst. Auch dann nicht, wenn „Songwriting Cashflow" eines Tages bereits in deinem Bücherregal steht

Viel Spaß beim Ausfüllen,
Emi

Übrigens: Weitere Downloads sind über meine anderen Bücher zugänglich.

EMIS
WELT

BÜCHER

WEBSITE

DOWNLOADS

MENTORING

BLOG

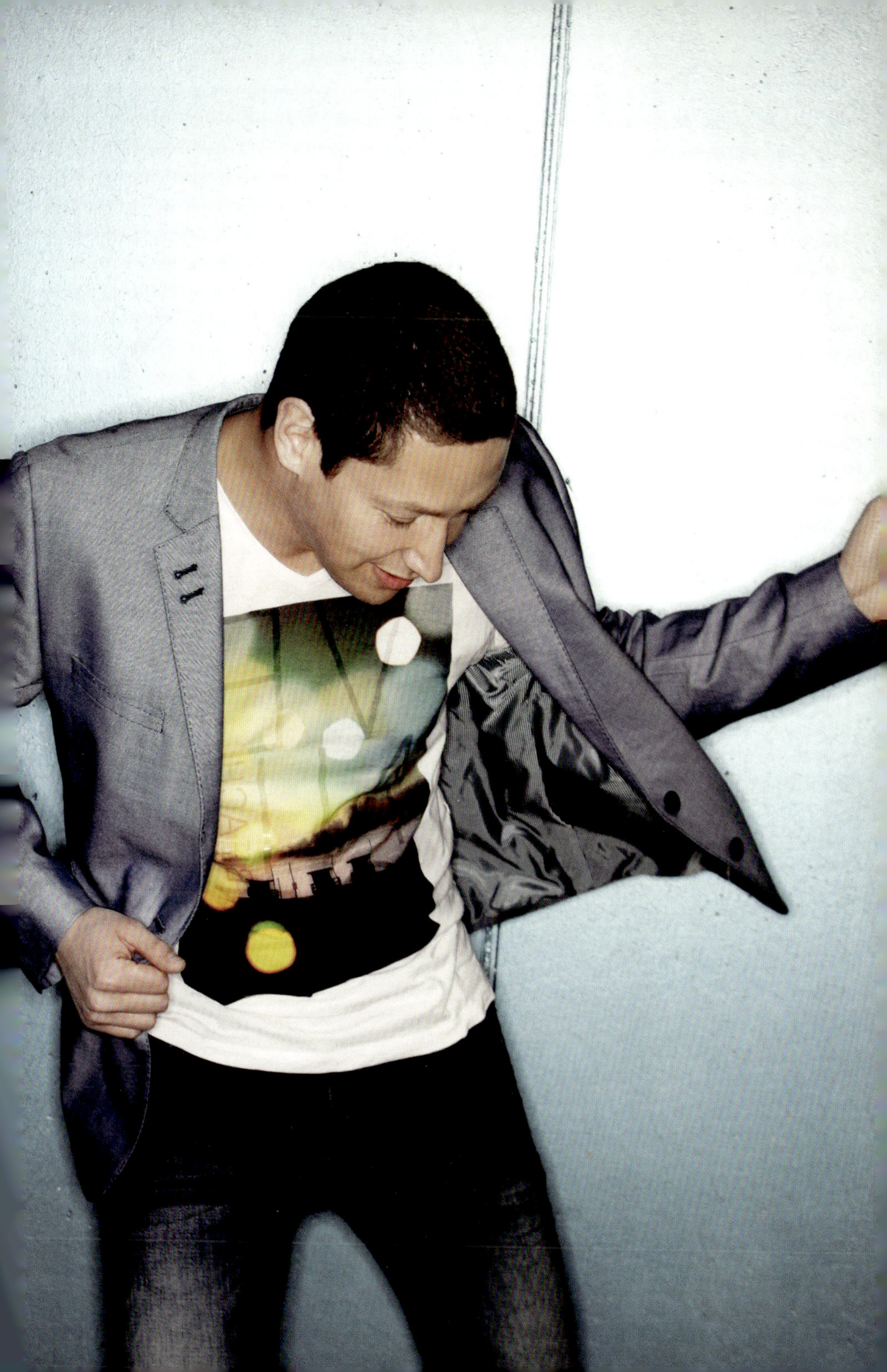

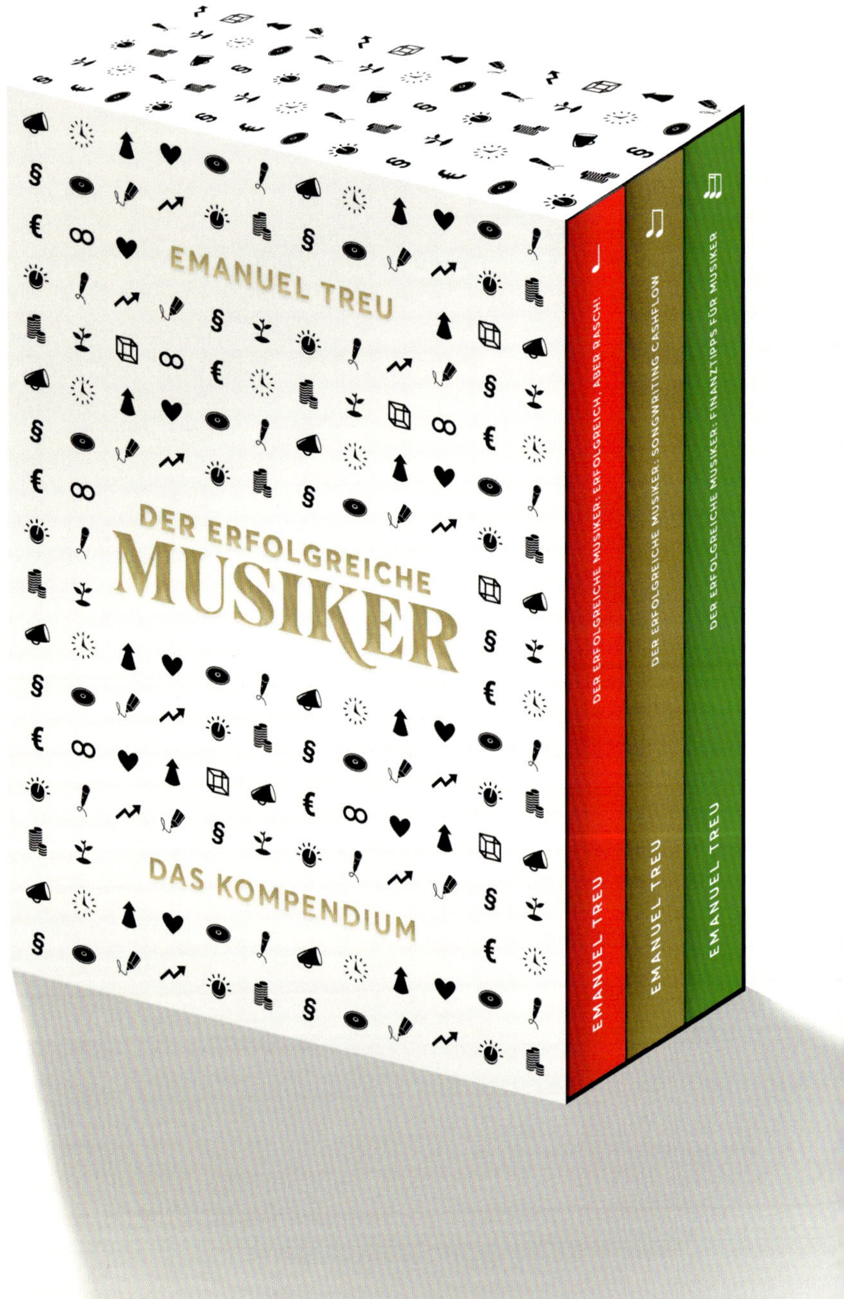
EMANUEL TREU
DER ERFOLGREICHE
MUSIKER
DAS KOMPENDIUM
DER ERFOLGREICHE MUSIKER: ERFOLGREICH, ABER RASCH!
EMANUEL TREU
DER ERFOLGREICHE MUSIKER: SONGWRITING CASHFLOW
EMANUEL TREU
DER ERFOLGREICHE MUSIKER: FINANZTIPPS FÜR MUSIKER
EMANUEL TREU

– EMANUEL TREU –

DER ERFOLGREICHE MUSIKER

DAS KOMPENDIUM

Der edelste und kompakteste Leitfaden für deine Musikkarriere

Mir war immer wichtig, meine Musikökonomiebücher besonders liebevoll zu gestalten. Neben den Erklärungen und den Geschichten, dem Cover, dem Layout, dem Download, den Bildern, der Struktur und sogar neben der Wahl des verdammten Papiers habe ich mich deshalb auch noch gefragt, wie meine Bücher wohl von außen am ansprechendsten aussehen würden – sodass ein Musiker wie du richtig Bock bekommt, da mal hin und wieder reinzulesen, um Antworten auf seine Fragen zu finden.

Ab jetzt gibt es daher meine Musikbusinessbücher gemeinsam in einer vergünstigten Kollektion, erhältlich im super-edlen Buchschuber. Damit ist nicht nur ein direkter finanzieller Mehrwert für jeden Musiker geschaffen, sondern das sieht auch noch schick aus. Und warum der ganze Aufwand?

Ganz einfach: Weil die Musik es verdient hat!

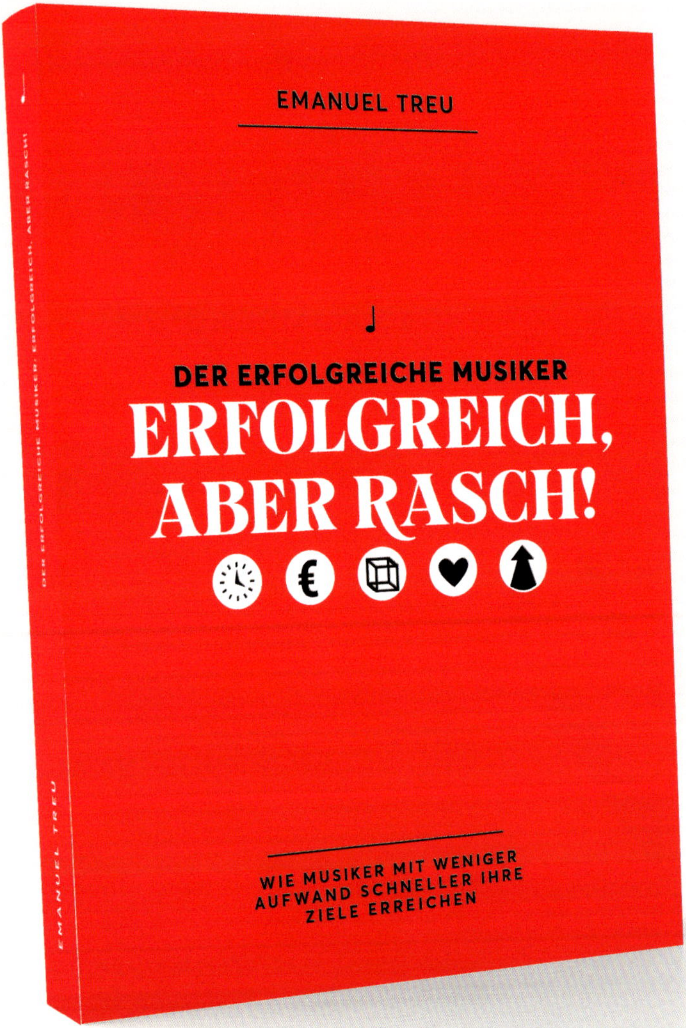
EMANUEL TREU
DER ERFOLGREICHE MUSIKER
ERFOLGREICH, ABER RASCH!
WIE MUSIKER MIT WENIGER AUFWAND SCHNELLER IHRE ZIELE ERREICHEN
DER ERFOLGREICHE MUSIKER: ERFOLGREICH, ABER RASCH!
EMANUEL TREU

WEITER GEHT'S MIT:

DER ERFOLGREICHE MUSIKER: ERFOLGREICH, ABER RASCH

Der Traum vom erfolgreichen Musiker lebt!

Erfolgreich, glücklich und zufrieden als Musiker zu leben ist für viele zwar ein erstrebenswertes, aber auch ein schier unmöglich zu erreichendes Ziel. Bis jetzt!

Denn ab jetzt gibt dir dieses Buch die Anleitung dazu. Nur wer weiß, welche Ressourcen für dieses Ziel aufgewendet werden, kann den Umgang damit meistern.

„Ein wirklich unterhaltsamer und motivierender Ratgeber für jede Musiker-karriere!"

– Conrad Schrenk
Musiker & Musikpädagoge

„Dieses Buch hätte ich während meines Studiums oder noch besser davor gebraucht und es sollte von jedem gelesen werden, der sich überlegt professionell Musik zu machen."

– Victor-Ezio Gabriel
Musiker & Verkäufer
bei „Klangfarbe"

Mehr zu Erfolgreich, aber rasch! unter:

www.emanueltreu.at

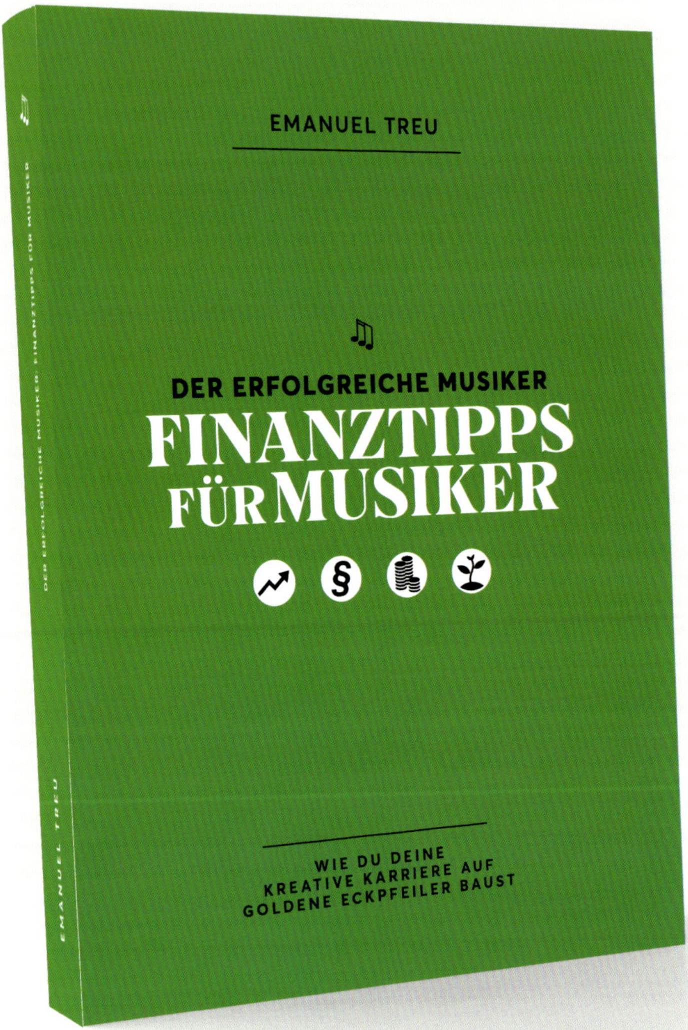
EMANUEL TREU
DER ERFOLGREICHE MUSIKER
FINANZTIPPS
FÜR MUSIKER
WIE DU DEINE
KREATIVE KARRIERE AUF
GOLDENE ECKPFEILER BAUST
DER ERFOLGREICHE MUSIKER: FINANZTIPPS FÜR MUSIKER
EMANUEL TREU

WEITER GEHT'S MIT:

DER ERFOLGREICHE MUSIKER: FINANZTIPPS FÜR MUSIKER

Was haben Musiker mit Geld zu tun?

Leider viel zu oft – viel zu wenig. Viele Musiker beschränken sich nämlich gerne darauf, hochwertige Musik zu machen, was zwar löblich für die Kunstform, aber vernichtend für den Kontostand ist. „Bleibe deiner Musik treu", sagt Emanuel Treu schmunzelnd, „aber vergiss dabei nicht, dass finanzieller Erfolg immer auch ein Teilziel einer nachhaltigen Musikkarriere ist."

Neben der Maximierung der Einnahmequellen, der Steueroptimierung und sinnvollen Investitionsgedanken wird in diesem Buch nachvollziehbar und anwendbar aufgeschlüsselt, wie Musiker vorgehen müssen, um die Geldkuh namens Musikbusiness ausgiebig zu melken.

„Die Herangehensweise des Autors macht Zeile für Zeile spürbar, dass sich mit entsprechendem Grundwissen und gezieltem Einsatz für Musiker ein weites Feld an Möglichkeiten eröffnet."

– Komm.Rat Hans Ecker,
Musiker & Vorstandsmitglied der AKM

„Emanuel Treu ist nicht nur als professioneller Songwriter tätig, sondern beherrscht auch die Kunst, Musikökonomie in unterhaltsame und anwendbare Literatur zu verwandeln."

– Mag. Ernst Ritsch,
Direktor des VMI-Vienna Music Institute

Mehr zu Finanztipps für Musiker unter:

www.emanueltreu.at

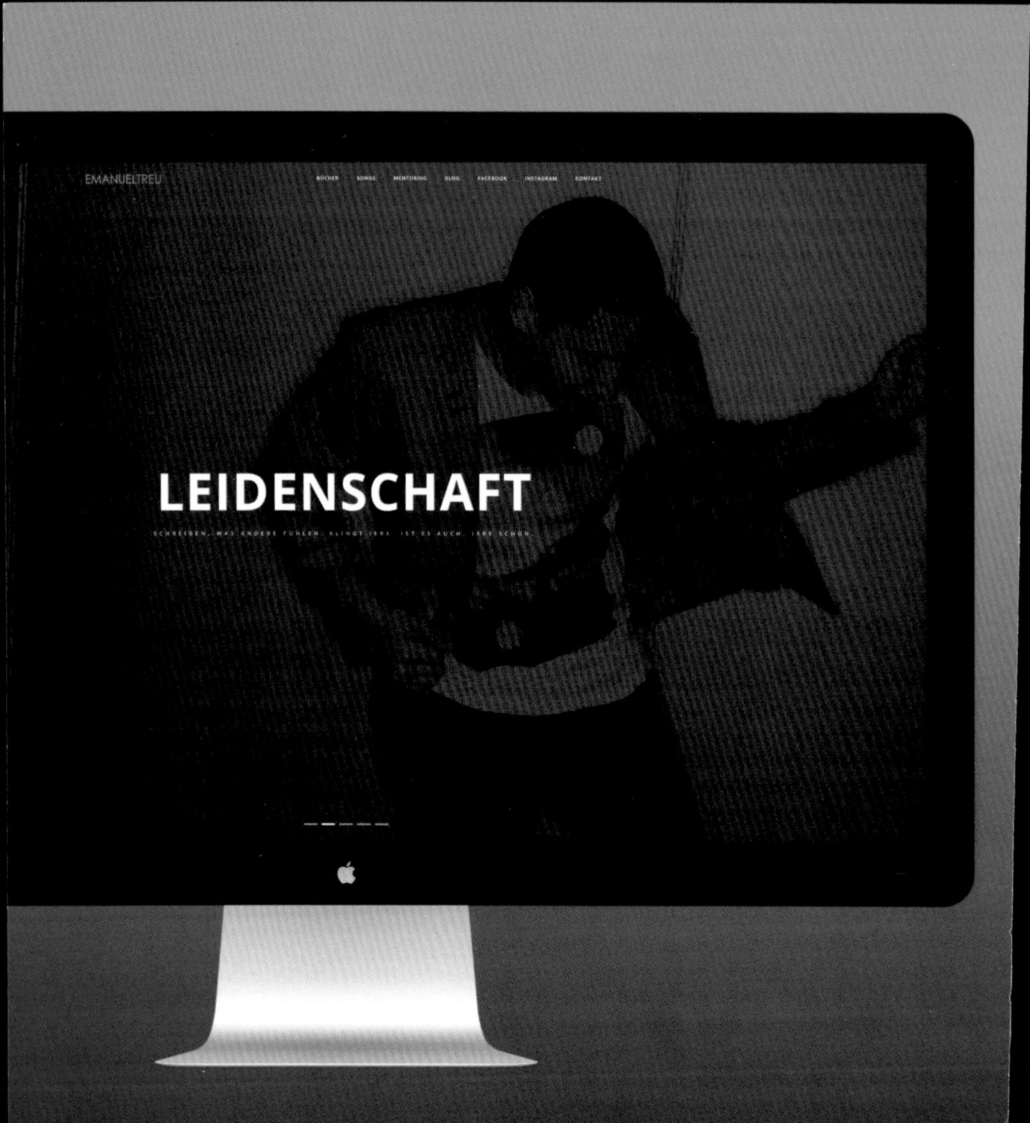
EMANUELTREU
BÜCHER
SONGS
MENTORING
BLOG
FACEBOOK
INSTAGRAM
KONTAKT
LEIDENSCHAFT

Die Website für erfolgsorientierte Musiker

Auf meiner Website bekommst du einen guten Überblick über meine aktuellen Tätigkeiten, meine Veröffentlichungen und mein gesamtes Wirken im Sinne aller Musiker.

www.emanueltreu.at

Neben meinen Büchern arbeite ich intensiv an der Betreuung und dem Support der gesamten Musikercommunity. Es geht mir dabei in erster Linie darum, Menschen wie dir zu ermöglichen, was ich mir selbst ermöglichen konnte: ein glückliches und erfolgreiches Leben als Musiker.

Um dir das zu ermöglichen, habe ich eine Reihe von Services entwickelt, die dich auf diesem Weg unterstützen. Diese Services beinhalten:

» Downloads für Musiker
» Meinen Blog für Musiker
» Meine Bücher für Musiker
» Meine Mentoren für Musiker

Auf den folgenden Seiten bekommst du einen kleinen Einblick in deine Möglichkeiten.

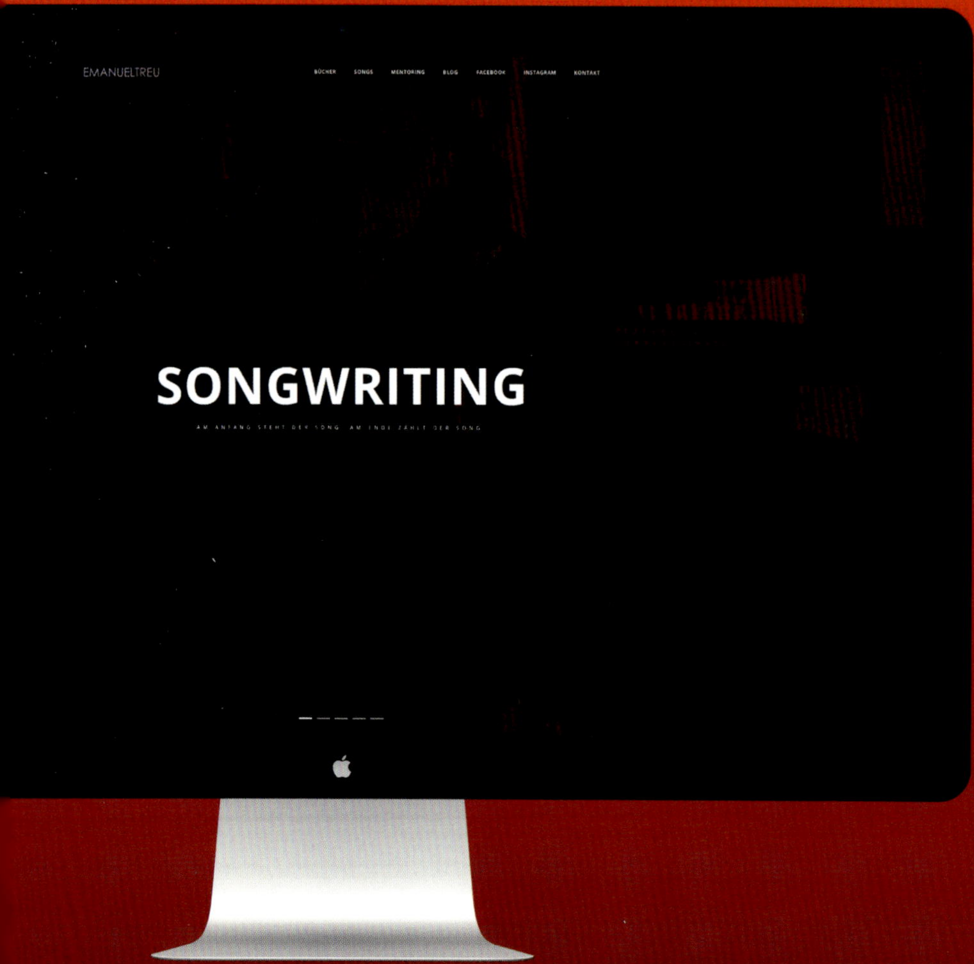
EMANUELTREU
BÜCHER
SONGS
MENTORING
BLOG
FACEBOOK
INSTAGRAM
KONTAKT
SONGWRITING
AM ANFANG STEHT DER SONG. AM ENDE ZÄHLT DER SONG

Kostenlose Downloads auf meiner Website www.emanueltreu.at/blog

Im Rahmen meines Blogs stelle ich Musikern immer wieder auch kostenlose Downloads zur Verfügung. Diese Blogbeiträge sind natürlich entsprechend gekennzeichnet. Sinnvolle Unterlagen wie Konzertkalkulationen, Gig-Songlists und mehr kannst du dir dort für dich und deine Band einfach herunterladen.

Damit hast du die Möglichkeit, sie:

» im A4-Format ausdrucken
» jederzeit neue Exemplare zu erstellen
» analog im Umfang deiner Wahl zu führen

Diese und weitere kostenlose Unterlagen können dich auf flottem Weg dabei unterstützen ein effizienterer und fokussierter Musiker zu werden. Wenn du das schaffst, hast du wirklich viel erreicht!

Wie du im Kapitel „Effizienter Einsatz deines Potentials" gelesen hast, kann jede Gelegenheit großes Potential in sich bergen.

Hier ist so eine. Nutze sie!
www.emanueltreu.at/blog

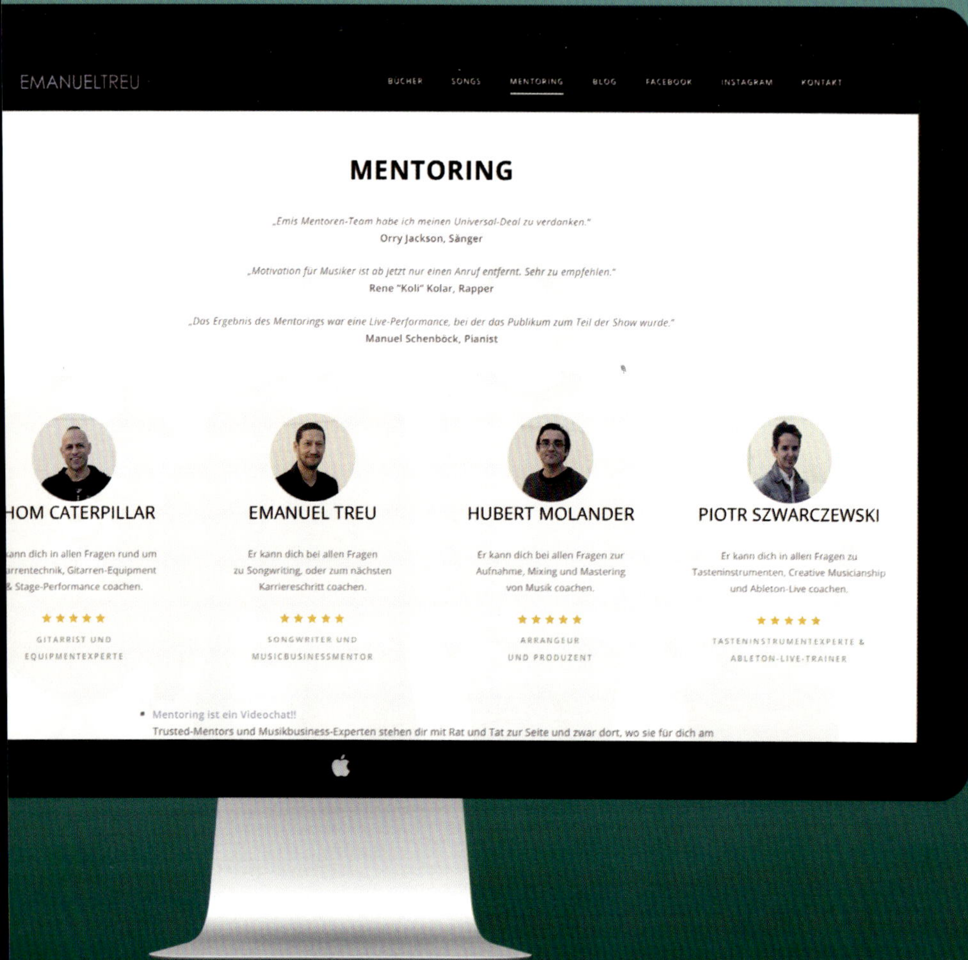
EMANUELTREU
BÜCHER
SONGS
MENTORING
BLOG
FACEBOOK
INSTAGRAM
KONTAKT
MENTORING
„Emis Mentoren-Team habe ich meinen Universal-Deal zu verdanken."
Orry Jackson, Sänger
„Motivation für Musiker ist ab jetzt nur einen Anruf entfernt. Sehr zu empfehlen."
Rene "Koli" Kolar, Rapper
„Das Ergebnis des Mentorings war eine Live-Performance, bei der das Publikum zum Teil der Show wurde."
Manuel Schenböck, Pianist
HOM CATERPILLAR
kann dich in allen Fragen rund um
arrentechnik, Gitarren-Equipment
& Stage-Performance coachen.
★★★★★
GITARRIST UND
EQUIPMENTEXPERTE
EMANUEL TREU
Er kann dich bei allen Fragen
zu Songwriting, oder zum nächsten
Karriereschritt coachen.
★★★★★
SONGWRITER UND
MUSICBUSINESSMENTOR
HUBERT MOLANDER
Er kann dich bei allen Fragen zur
Aufnahme, Mixing und Mastering
von Musik coachen.
★★★★★
ARRANGEUR
UND PRODUZENT
PIOTR SZWARCZEWSKI
Er kann dich in allen Fragen zu
Tasteninstrumenten, Creative Musicianship
und Ableton-Live coachen.
★★★★★
TASTENINSTRUMENTEXPERTE &
ABLETON-LIVE-TRAINER
Mentoring ist ein Videochat!!
Trusted-Mentors und Musikbusiness-Experten stehen dir mit Rat und Tat zur Seite und zwar dort, wo sie für dich am

Emis Mentoringteam

Thom Caterpillar | Emanuel Treu
Hubert Molander | Piotr Szwarczewski
www.emanueltreu.at/mentoring

Mentoring ist ein Videochat!!

Trusted-Mentors und Musikbusiness-Experten stehen dir mit Rat und Tat zur Seite und zwar dort, wo sie für dich am besten zugänglich sind. Auf deinem Handy.

Mentoring ist ortsunabhängig!

Dein Mentor kann dir online bei deiner Probe Tipps geben, dir am Konzert über die Schulter sehen, oder dich im Musikgeschäft bei der Wahl deines Equipments unterstützen.

Mentoring ist zeitunabhängig!

Beim Mentoring kaufst du dir ein Zeitguthaben, das im flexiblen Rahmen konsumiert werden kann. Von kurzen 15-Minuten-Talks bis zu mehrstündigen Sessions ist alles möglich.

Mentoring ist professionell!

Im Musikbusiness siehts du manchmal das Licht im Nebel nicht mehr. Wer professionell agieren will, wendet sich dann an die einzig richtige Quelle: Erfolgreiche Vollprofis.

Mentoring ist individuell!

Dein Mentor bekommt bereits im Vorfeld einen ausgefülltes Desire-Sheet von dir. Dadurch wird jedes Mentoring persönlich, direkt und auf deine individuellen Bedürfnisse abgestimmt.

Jetzt anmelden unter:
www.emanueltreu.at/mentoring

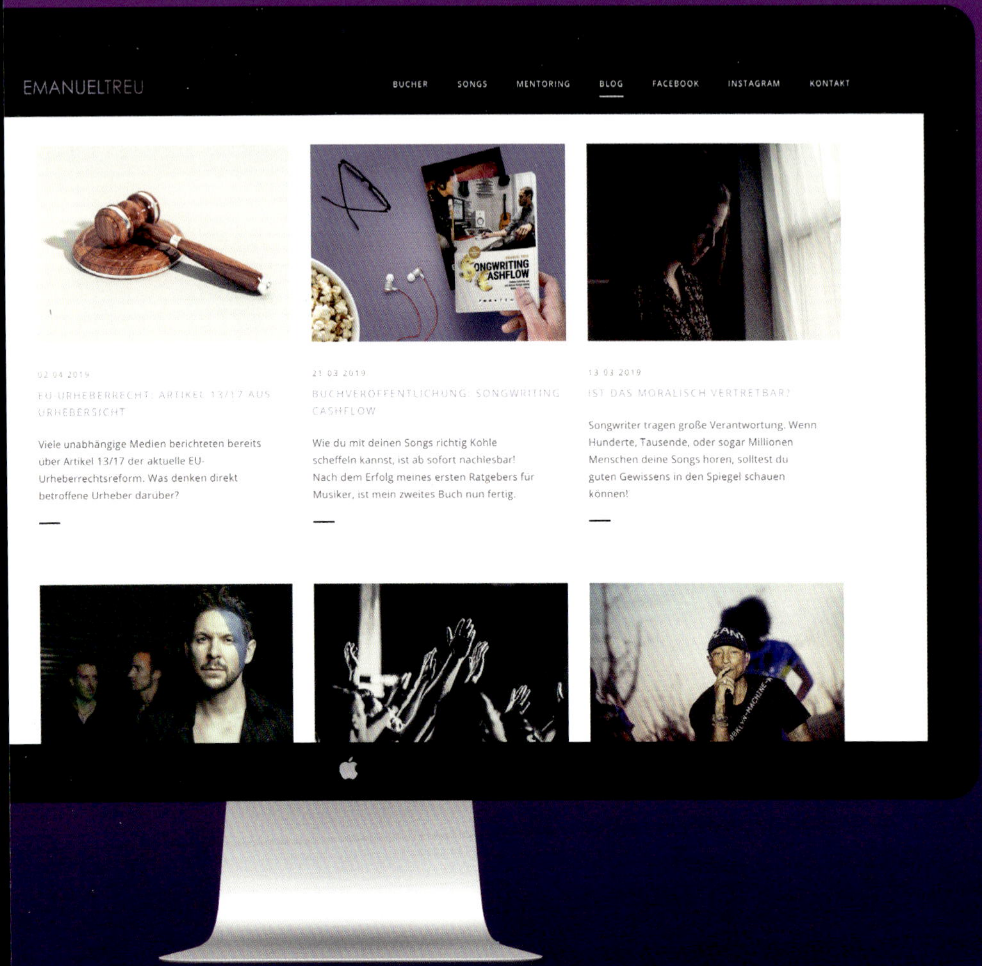

Blog-Auszug: Was ist eine #1 wert

„Natürlich kannst du mit einer #1 auch gutes Geld verdienen, das liegt in der Natur der Sache. Letztendlich verkauft sich deine Nummer eben besser als andere. Wie viel deine Nummer Eins dadurch allerdings wert ist, steht rein in Relation dazu, wie viel Geld du zuvor hattest und in was du dein Geld verwandelst, um dich glücklich zu machen. Vom reinen Papier des Geldes ist nämlich meines Wissens nach noch niemand glücklich geworden."

Emis Blog

www.emanueltreu.at/blog

In meinem Blog behandle ich relevante Gedanken rund um das Thema: „Der richtige Mindset im Musikbusiness". Wie du weißt, bin nach wie vor der Meinung, dass Erfolg in einem derart harten Geschäft vor allem dadurch forciert werden kann, Herausforderungen mit erhobenem Kopf entgegenzutreten. Dafür findest du in meinem Blog einige Hilfestellungen und Sichtweisen, die deinen Horizont und deine Handlungsmöglichkeiten erweitern.

Ich bespreche darin aber auch Themen abseits des Mindsets, wie etwa konkrete Übungen für Songwriter, Buchempfehlungen und Problemlösungsstrategien für unterschiedlichste Gegebenheiten, die auf Musiker zukommen können. Von der Steuer bis zum Spontankonzert ist hier immer etwas Wertvolles zu finden, das dir nutzen wird.

Auch die Veränderungen am aktuellen Musikmarkt im Sinne von Marktentwicklungen, Neuveröffentlichungen oder schlichten Song-Reviews werden besprochen. Der Blog ist aber vor allem individuell geführt. Ich habe keine Redakteure oder Autoren, außer mir selbst. Mir ist nämlich wichtig, dass du aus erster Hand erfahren kannst, was aus meiner Sicht wichtig für dich ist.

Jetzt Emis Blog lesen:
www.emanueltreu.at/blog